Charmant MAYUKUTA

DIEU REGNE SUR TERRE

Charmant MAYUKUTA

DIEU REGNE SUR TERRE

Une réalité inattendue

Éditions Croix du Salut

Imprint
Any brand names and product names mentioned in this book are subject to trademark, brand or patent protection and are trademarks or registered trademarks of their respective holders. The use of brand names, product names, common names, trade names, product descriptions etc. even without a particular marking in this work is in no way to be construed to mean that such names may be regarded as unrestricted in respect of trademark and brand protection legislation and could thus be used by anyone.

Cover image: www.ingimage.com

Publisher:
Éditions Croix du Salut
is a trademark of
Dodo Books Indian Ocean Ltd. and OmniScriptum S.R.L publishing group

120 High Road, East Finchley, London, N2 9ED, United Kingdom
Str. Armeneasca 28/1, office 1, Chisinau MD-2012, Republic of Moldova, Europe
Printed at: see last page
ISBN: 978-3-8416-9912-1

« *Quand vous voyez un nuage se lever à l'ouest, vous dites aussitôt:* <*Il va pleuvoir*>, *et c'est ce qui arrive. Et quand vous sentez souffler le vent du sud, vous dites:* <*Il va faire chaud*>, *et c'est ce qui arrive.* **Hypocrites!** *Vous êtes capables de comprendre ce que signifient les aspects de la terre et du ciel; alors,* **pourquoi ne comprenez-vous pas le sens du temps présent?** »

Luc 12 : 54 - 56

INTRODUCTION

Le plus grand exercice dans la vie d'un enfant de Dieu est la compréhension des signes du temps. (Luc 12 :51-59)

L'Afrique est le berceau de l'humanité. L'histoire nous renseigne que le premier homme a été créé et vécu en Afrique. C'était un noir. Contrairement au raisonnement de l'homme blanc qui conteste cette réalité, en disant cependant que l'Afrique semble être le premier continent habité par l'homme, or c'est vraiment la vérité. C'est bien ce qui poussait les gens à déduire que le jardin d'Eden fut en Afrique, et que la première langue parlée par l'homme est une langue africaine. Aujourd'hui cette vérité n'est plus une simple déduction, car tant des conférences et des recherches confirment cette hypothèse, à la lumière de l'emplacement du jardin d'Eden, par rapport à ce qui est écrit dans le livre de Genèse 2 :8-14.

C'est juste pour dire que le continent africain contient beaucoup de secrets spirituels en son sein que l'homme blanc connait bel et bien. Mais les africains eux-mêmes sont aveuglés et ne comprennent pas la chance qu'ils ont de se retrouver en Afrique. Dans l'histoire biblique, l'Afrique a été un grand secours pour Jésus-Christ pendant deux étapes importantes de sa vie : en effet, lorsque le Roi Hérode a ordonné de tuer tous les nouveaux nés, Joseph et Marie sont venus cacher leur enfant Jésus en Afrique ; en plus lorsque Jésus-Christ avait eu du mal à transporter sa croix, un africain était venu à son secours et l'a transportée à sa place.

Le constat fait est que l'Afrique est un continent très riche en minerais et en population de tout genre. Beaucoup de signes spirituellement divins se font voir dans ce continent. Mais l'esprit de l'homme noir est toujours extraverti par les histoires du monde occidental au lieu de chercher ses propres valeurs.

L'Afrique fut un grand secours pour le monde entier, en ce qu'elle a été la première puissance économique qui a nourri le monde entier, elle avait une puissance militaire comme le cas de l'armée Ethiopienne, et le monde entier trouvait refuge en Afrique. Mais actuellement c'est le contraire.

L'on comprend dès lors pourquoi le monde occidental a pu pénétrer jusque dans la « moelle épinière » de l'Afrique. Et si cette pénétration s'est accompagnée des éléments positifs certains, elle fut néanmoins dans beaucoup d'autres domaines inhibitrice et aliénante pour l'évolution ultérieure de l'Afrique, surtout dans le domaine de la tradition scientifique.[1]

Nous sommes donc condamnés à un effort en commun pour découvrir la vérité. C'est un des fondements et non le moindre de la solidarité humaine. Le dogmatisme, le sectarisme sont souvent la marque d'une ignorance qui s'ignore.[2] Nous n'avons pas en nous la volonté d'amener les noirs à s'opposer aux écrits, aux traditions occidentales ou aux religions qui existent, mais de s'inspirer d'elles pour concevoir des nouvelles orientations qui permettront de mieux saisir, analyser, interpréter et systématiser les réalités particulières et propres à nous, en découvrant la vraie vérité.

Dans le livre de Genèse chapitre 1 : 26. Dieu dit : « faisons l'homme à notre image et selon notre ressemblance ». Ceci nous amène à déduire que si le premier homme créé par Dieu et à sa ressemblance était un noir, par conséquent Dieu est aussi noir comme sa première créature. Beaucoup de gens conteste la personnalité physique de Dieu, nous argumenterons sur ce point d'une manière approfondie dans le corps de cette réflexion.

---

[1] MUTUZA (K), Apport de la psychologie dans la formation du juriste, Unikin, Faculté de droit, Modo manuscripto 2006, p16
[2] idem, p28

Dieu est le chef suprême, le maitre de toutes choses, temps et circonstances. Dans son règne, il n'est pas seul. Son gouvernement est composé de diverses personnalités. Sa manifestation et sa façon d'agir se distinguent d'une période à une autre et d'une manière ou d'une autre. C'est ce qui cause un trouble par rapport aux membres qui composent sa royauté, parce que dans Genèse, la Bible dit : du 1er au 5e jour, Dieu a fait tout ce qu'il pouvait faire. Mais arrivé au 6e jour il donna l'ordre aux autres de faire l'homme avec lui et que cet homme leur ressemble. Qui sont ces autres personnes qui ont le pouvoir de faire un homme ? Et en leurs images ?

Dans Hébreux 1 :5-10 Dieu dit au Fils: « Ton trône, ô Dieu, est éternel; Le sceptre de ton règne est un sceptre d'équité; Tu as aimé la justice, et tu as haï l'iniquité; C'est pourquoi, ô Dieu, ton Dieu t'a oint D'une huile de joie au-dessus de tes égaux. Et encore: Toi, Seigneur, tu as au commencement fondé la terre, et les cieux sont l'ouvrage de tes mains ».

Y'a-t-il un Dieu qui a à son tour son Dieu à lui ? Qui au juste a créé les cieux et la terre ?

L'évangile de Jean à son tour, au premier chapitre nous dit : « Au commencement était la Parole, et la Parole était avec Dieu, et la Parole était Dieu. Elle était au commencement avec Dieu. Toutes choses ont été faites par elle, et rien de ce qui a été fait n'a été fait sans elle ».

Comment la parole qui était avec Dieu peut-elle encore être Dieu ? Et elle est tellement importante, à telle enseigne que rien de ce qui a été fait, n'était possible sans son intervention et d'ailleurs, toutes choses ont été faites par elle.

Dieu ne cherche pas toujours à laisser le monde dans le suspens concernant sa personne et son trône. Dans sa bonté, il a promis qu'il va descendre avec son royaume ici sur terre pour vivre avec une nation que lui-même choisira et dirigera. Le siège de ce royaume avait été révélé à Daniel et à Jean dans l'île de Patmos de la manière dont il sera installé sur terre.

Mais avant de comprendre le mystère du royaume et/ou de règne de Dieu il faudrait d'abord interroger les écritures et chercher à tout prix de l'inspiration divine car, il nous avait été recommandé de nous réveiller nous qui dormons encore, de nous relever d'entre les morts, et Christ nous éclairera (Ephésien 5 : 14). Alors nous, nous devons seulement faire cet exercice de nous réveiller, de nous relever après nous serons éclairés et guidés par lui-même pour comprendre ce mystère.

C'est ce qui nous a poussés à faire cette petite réflexion, dans le souci d'éclairer les croyants en général et l'homme noir en particulier au sujet du royaume et/ou du règne de Dieu qui est déjà descendu, il y a de cela un centenaire. Je prie Dieu que toute personne qui aura l'occasion de lire ce bouquin soit éclairée afin d'avoir un esprit illuminé qu'un esprit de scotomisation.

CHAPITRE I : ROYAUME ET REGNE DE DIEU

Jésus-Christ nous a laissé un devoir dans la prière qu'il a montrée à ses disciples et aussi dans ses prédications. Il nous a dit de demander à Dieu *que son règne vienne et que sa volonté soit faite sur la terre comme au ciel.* (Mathieu 6 :9-10)

Sa volonté a été exprimée en ce terme : « Le royaume de Dieu vous sera enlevé et sera donné à une nation qui en produira les fruits (Matthieu 21 :43) ; cette nation est comme la pierre qu'ont rejetée ceux qui construisaient est devenue la pierre angulaire (Matthieu 21 :42) ; celui qui tombera sur cette pierre s'y brisera et celui sur qui elle tombera sera écrasé (Matthieu 21 :44). »

Par définition, **Règne** est le gouvernement d'un souverain ou l'exercice du pouvoir souverain ; **Royaume** est l'Etat qui est gouverné par un roi. Mais selon la religion, Royaume signifie lieu de béatitude posthume.

A travers ces définitions, nous comprenons que, Dieu doit venir avec son gouvernement entier que lui-même dirigera ici sur terre comme cela se fait au ciel, mais dans une nation considérée comme moins importante, mais à qui dépend la survie du monde entier. Et, la dite nation fera produire dans le monde les fruits de ce royaume divin. Ce royaume sera donc l'ensemble des moyens lui permettant de réaliser le salut dans l'histoire du peuple. En exerçant sa royauté, Dieu agira comme sauveur.

Section 1 : Conceptions bibliques du royaume de Dieu

I.   La connaissance et l'ignorance

Matthieu 21:28-32 : "Quel est votre avis? Un homme avait deux fils. S'avançant vers le premier, il lui dit : Mon enfant, va donc aujourd'hui travailler à la vigne. Celui-ci lui répondit : Je ne veux pas; un peu plus tard, pris de remords, il y alla. S'avançant vers le second, il lui dit la même chose. Celui-ci lui répondit : J'y vais, Seigneur; mais il n'y alla pas. Lequel de deux a fait la volonté de son père?" - "Le premier", répondent-ils. Jésus leur dit : "En vérité, je vous le déclare, collecteurs d'impôts et prostituées vous précèdent dans le Royaume de Dieu. En effet, Jean est venu à vous dans le chemin de la justice, et vous ne l'avez pas cru; collecteurs d'impôts et prostituées, au contraire, l'ont cru. Et vous, voyant cela, ***vous ne vous êtes pas dans la suite davantage repentis pour le croire.***"

II.   Le fruit du royaume

Matthieu 21:33-45 : "Écoutez une autre parabole : Il y avait un propriétaire qui planta une vigne, l'entoura d'une clôture, y creusa un pressoir et bâtit une tour; puis il la donna en fermage à des vignerons et partit en voyage. Quand le temps des fruits approcha, il envoya ses serviteurs aux vignerons pour recevoir les fruits qui lui revenaient. Mais les vignerons saisirent ces serviteurs; l'un, ils le rouèrent de coups; un autre, ils le tuèrent; un autre, ils le lapidèrent. Il envoya encore d'autres serviteurs, plus nombreux que les premiers; ils les traitèrent de même. Finalement, il leur envoya son fils, en se disant: Ils respecteront mon fils. Mais les vignerons, voyant le fils, se dirent entre eux : C'est l'héritier. Venez! Tuons-le et emparons-nous de l'héritage. Ils se saisirent de lui, le jetèrent hors de la vigne et le tuèrent. Eh bien! lorsque viendra le maître de la vigne, que fera-t-il à ces vignerons-là?" Ils lui répondirent: ***Il fera périr misérablement ces misérables, et il donnera la vigne en fermage à d'autres vignerons, qui lui*** ***<u>remettront les fruits en temps voulu</u>.*** Jésus leur dit: "N'avez-vous jamais lu dans les écritures: La pierre qu'ont rejetée les bâtisseurs, c'est elle qui est devenue la pierre angulaire; c'est là l'œuvre du Seigneur: Quelle merveille à nos yeux. Aussi je vous le déclare : le Royaume de Dieu vous sera enlevé, et il sera donné à un peuple qui en produira les fruits. Celui qui tombera sur cette pierre sera brisé, et celui sur qui elle tombera, elle l'écrasera." En entendant ses paraboles, les grands prêtres et les Pharisiens comprirent que c'était d'eux qu'il parlait.

III. Le serviteur éveillé

Luc12:32-48 « N'aie pas peur, petit troupeau! Car il a plu à votre Père de vous donner le Royaume. Vendez vos biens et donnez l'argent aux pauvres. Munissez-vous de bourses qui ne s'usent pas, amassez-vous des richesses dans les cieux, où elles ne disparaîtront jamais : les voleurs ne peuvent pas les y atteindre ni les détruire. Car votre cœur sera toujours là où sont vos richesses. Soyez prêts à agir, avec la ceinture serrée autour de la taille et vos lampes allumées. Soyez comme des serviteurs qui attendent leur maître au moment où il va revenir d'un mariage, afin de lui ouvrir la porte dès qu'il arrivera et frappera. *Heureux ces serviteurs que le maître, à son arrivée, trouvera éveillés! Je vous le déclare, c'est la vérité: il attachera sa ceinture, les fera prendre place à table et viendra les servir.* S'il revient à minuit ou même plus tard encore et qu'il les trouve éveillés, heureux sont-ils! « Comprenez bien ceci: si le maître de la maison savait à quelle heure le voleur doit venir, il ne le laisserait pas pénétrer dans la maison. Tenez-vous prêts, vous aussi, car le Fils de l'homme viendra à l'heure que vous ne pensez pas. » Alors Pierre demanda : « Seigneur, dis-tu cette parabole pour nous seulement ou bien pour tout le monde? » Le Seigneur répondit: « Quel est donc le serviteur fidèle et intelligent? En voici un que son maître va charger de veiller sur la maison et de donner aux autres serviteurs leur part de nourriture au moment voulu. *Heureux ce serviteur si le maître, à son retour chez lui, le trouve occupé à ce travail! Je vous le déclare, c'est la vérité: le maître lui confiera la charge de tous ses biens.* Mais si le serviteur se dit: <Mon maître tarde à revenir>, s'il se met alors à battre les autres serviteurs et les servantes, s'il mange, boit et s'enivre, alors le maître reviendra un jour où le serviteur ne l'attend pas et à une heure qu'il ne connaît pas; il chassera le serviteur et lui fera partager le sort des infidèles. Le serviteur qui sait ce que veut son maître, mais ne se tient pas prêt à le faire, recevra de nombreux coups. Par contre, le serviteur qui ne sait pas ce que veut son maître et agit de telle façon qu'il mérite d'être battu, recevra peu de coups. A qui l'on a beaucoup donné, on demandera beaucoup ; à qui l'on a confié beaucoup, on demandera encore plus. »

Ces extraits de la Bible nous donnent certaines informations de l'arrivée de Dieu sous forme de parabole. Dans le premier paragraphe Jésus-Christ est entrain de souligner que les gens qu'on qualifie des grands pêcheurs auront une connaissance de Dieu et de son royaume, et nous qui croyons connaitre le chemin nous resterons dans l'ignorance et nous ne ferons rien afin de se repentir pour y croire ; Le second paragraphe fait allusion aux fruits que produira la nation à qui le royaume sera donné au moment opportun ; Le troisième nous montre l'avantage qu'aura le serviteur que le maitre à son arrivée le trouvera éveillé.

Il y en a tant dans la bible, nous avons pris ces extraits pour nous donner un peu de la lumière à ce sujet. Nous pouvons encore énumérer ce que Daniel a vu en rêve une nuit :

IV.   La vision de Daniel

« …un **être semblable à un homme** arrivait parmi les nuages du ciel. Il s'avança en direction du vieillard, devant lequel on le conduisit. La souveraineté, la gloire et la royauté lui furent données, afin que les populations de tous pays, de toutes nations et de toutes langues le servent. Sa souveraineté durera éternellement, elle n'aura pas de fin, et son royaume ne sera jamais détruit. L'angoisse me saisit, moi, Daniel, jusqu'au plus profond de mon être, tant ces visions étaient terrifiantes. Je m'approchai d'un des personnages présents et je lui demandai le sens véritable de ce que j'avais vu. Il m'en fit alors connaître la signification: Ces quatre bêtes énormes représentent quatre royaumes **d'origine terrestre**. Après eux, le peuple qui appartient en propre au

Dieu très-haut **recevra la royauté et il la conservera à tout jamais.** » (Daniel 7 : 13 – 28)

Sans commentaire, la Bible donne beaucoup d'informations au sujet de l'installation du royaume de Dieu sur terre. Un membre de ce royaume à la personne de Jésus-Christ était venu s'installer sur terre comme le messie, l'envoyé. Et c'est celui qui a dit tout ce que nous avons énuméré ci-haut au sujet du royaume de Dieu.

Section 2 : Reconnaitre Dieu, son règne et son royaume

Il est grand temps pour nous de nous réveiller de notre profond sommeil, pour chercher la connaissance et l'esprit du discernement auprès de Dieu, pour que nous soyons ensemble avec lui dans son gouvernement, il n'est pas encore trop tard, car le temps peut être racheté.

Dieu se faisait homme depuis le temps le plus reculé. L'histoire biblique nous raconte que de gens comme Adam, Abraham, Jacob, Moïse ont vu Dieu, et non comme esprit mais comme un être humain. Et l'avènement de Jésus-Christ n'était pas d'une manière miraculeuse, il était venu comme toute autre personne en faisant neuf mois dans le ventre de Marie sa mère, et en croissant comme n'importe quel homme. C'est ainsi que les gens avaient du mal à croire en sa personne, et surtout après sa mort, lorsque ses disciples disaient aux gens de se faire baptiser au nom de Jésus, c'était une insulte suprême. Ils se disaient « pourquoi laisser Dieu que nous prions pour se faire baptiser au nom d'une personne ? »

Cette erreur est toujours pendante dans les esprits quelque peu bouchés de certains croyants et/ou chrétiens qui affirment que Dieu n'est pas une personne et que le Saint Esprit n'a pas un corps humain. Or nous devons apprendre à contrôler nos paroles et nos pensées, nous nous inquiétons surtout pour la personnalité du Saint Esprit qui a beaucoup de controverse dans le monde chrétien d'aujourd'hui.

Jésus-Christ a dit : « Tout blasphème peut être pardonné à l'exception du blasphème contre le Saint Esprit qui n'est point pardonnable » (Matthieu 12 : 31 - 32). Alors, si nous regardons autour de nous, n'avons-nous jamais blasphémé contre le Saint Esprit ? Comprenons-nous d'abord qui il est ? Et pour quoi un blasphème contre seulement sa personne n'a pas de pardon ? Est-ce qu'il est plus important que le Christ ? Ou le Père lui-même ?

La Bible nous renseigne que le Saint-Esprit est à l'origine de l'être vivant (Genèse 2 :7). Même Jésus-Christ pour qu'il soit un homme, il a fallu que le Saint-Esprit puisse intervenir (Matthieu 1 :18-20 ; Luc 1 :35) et ce dernier a accompagné Jésus dans toutes ses actions. C'est ainsi que pour Jésus, le Saint-Esprit était :

- Au centre de sa mission (Luc 4 :1) ;
- La source de son inspiration (Luc 10 :21) ;
- La source de son message et de son action du salut (Luc 4 :18)
- Et ainsi de suite

Soulignons que le rôle du Saint-Esprit n'est pas celui d'un substitut du Père, mais celui de la puissance d'intervention de Dieu.

Alors, dans le livre de Jean, Jésus a dit qu'il devait partir pour qu'un autre consolateur vienne. Et il sera **avec** nous et **en** nous (Jean 14 :15-17). Concernant la personne du Saint Esprit, Jésus utilisait toujours le pronom personnel « IL » : « Et quand il viendra, il prouvera aux gens de ce monde leurs erreurs au sujet du péché, de la justice et du jugement de Dieu. » (Jean 16 :8)

Donc, Jésus-Christ est en train d'expliquer à ses disciples de la manière dont il est entrain de céder sa place, son rôle et la continuité de sa mission à quelqu'un d'autre qu'il enverra. Les prépositions « **avec** » et « **en** » utilisées par Jésus-Christ nous montrent le rapport qu'aura le consolateur vis-à-vis de nous.

Par définition, « **Avec** » signifie : à même temps que, joint à, du parti de, prêt de, ensemble … et « **En** » signifie : à l'intérieur de, dans, pendant…

Ceci veut dire que si on se limite à croire seulement que le Saint Esprit promis est celui qui s'est manifesté aux Apôtres et qui continue à se manifester en nous, nous lui enlevons une partie de lui que Jésus-Christ a promise. Est-ce pour rien que Jésus avait dit avec et en vous ?

En effet, le don de l'Esprit-Saint apparait bien différent de la promesse dans Jean 14 :16-26 car il s'agit plutôt d'un nouveau paraclet à Jésus-Christ. En d'autres termes le relais du Christ, son mandataire et en quelque sorte son successeur.

Nous osons croire que le livre d'Apocalypse, étant constitué des révélations de choses à venir que Dieu avait montrées à Jean pour qu'il les écrive, car dit-il que sa parole ne passera pas, pourra bien nous renseigner à ce sujet.

Dans le 21ᵉ chapitre, Jean nous dit dans le verset 2 à 3 : « Et je vis la ville sainte, la nouvelle Jérusalem, qui descendait du ciel, envoyée par Dieu, prête comme une épouse qui s'est faite belle pour aller à la rencontre de son mari. J'entendis une voix forte qui venait du trône et disait: « **Maintenant la demeure de Dieu est parmi les hommes! Il demeurera avec eux et ils seront ses peuples. Dieu lui-même sera avec eux, il sera leur Dieu** ».

C'est encore une affirmation de la présence physique de Dieu sur terre avec son royaume qui n'est autre que Jérusalem, au près d'un peuple que lui-même choisira.

Et si nous revenons encore au chapitre 12 de l'Apocalypse, Jean a vu une femme enceinte enveloppée du soleil, la lune sous les pieds et une couronne de douze étoiles sur la tête, voulait accoucher un enfant que le dragon a voulu empêcher. Cet enfant doit diriger toutes les nations avec un sceptre de fer. Et après il entendit dans le ciel une voix forte qui disait « maintenant le salut est arrivé, ainsi que la puissance, **le règne** de notre Dieu et l'autorité de son Messie. Qui est cet enfant qui doit diriger toutes les nations ? Et pourquoi le dragon voulait-il empêcher sa naissance ?

Il est à retenir que lorsque Dieu se fait homme, il est difficile de le reconnaitre. Même Jean Baptiste qui avait prophétisé que le Messie est en route a fini par douter de sa présence, en envoyant ses disciples lui demandaient si c'est vraiment lui (Matthieu 11 :2-3). C'est vraiment une attitude humaine. C'est ainsi, lorsque Simon avait reconnu que Jésus-Christ était le Messie, ce dernier lui avait dit que c'est le Père qui lui avait révélé. Et directement par seulement le fait d'être le seul à le reconnaitre parmi tous ses disciples, il a été appelé Pierre et Jésus-Christ l'avait choisi par conséquent, pour être le fondement de l'église (du Christianisme) et à cet effet, la clef du royaume des cieux lui était destinée, avec le pouvoir de lier et de délier. (Matthieu 16 : 13 - 20)

Section 3 : L'organisation du règne de Dieu

Pour connaitre l'organisation de la cour céleste, il faudrait lire, avec une inspiration profonde la parole de Dieu. Nous constatons qu'il y a de controverse dans le monde religieux au sujet de la personne de Dieu. Certains disent qu'il n'y a qu'un Dieu, et les autres comme Jésus sont des prophètes ; d'autres disent qu'il y a un Dieu avec son fils unique Jésus ; d'autres encore disent qu'il y a un Dieu trinitaire : Père, Fils et Saint Esprit. La question reste à savoir d'où sont tirés ces enseignements ?

Si nous observons les écrits de la Bible, Jésus-Christ a dit à ses disciples dans Jean 14:7 « Si vous me connaissez, vous connaîtrez aussi mon Père. Et dès maintenant vous le **connaissez**, vous l'avez **vu** ». Concernant le père il a utilisé les verbes connaitre et voir. Il utilise les mêmes verbes pour le Saint Esprit « c'est l'Esprit de vérité. Le monde ne peut pas le recevoir, parce qu'il ne peut ni le **voir** ni le **connaître**. Mais vous, vous le connaissez, parce qu'il demeure avec vous et qu'il sera toujours en vous. » C'était compliqué pour les disciples d'entendre Jésus-Christ leur dire qu'ils ont vu et qu'ils connaissent le Père et le Saint-Esprit.

Si nous lisons le livre de Jean du chapitre 14 à 16 Jésus a livré certaines informations à ses disciples, malheureusement ils ne les comprenaient pas ; c'est aussi le cas pour nous. Parfois il dit que le Père exaucera les prières faites à son nom et parfois il dit encore que c'est lui qui exaucera. Parfois c'est le Père qui enverra le Saint Esprit à son nom, parfois celui qui enverra. Il doit partir pour que l'autre vienne, car s'il ne part pas, l'autre ne viendra pas. Mais il dit encore un peu de temps vous ne me verrez et un peu de temps vous me reverrez. Comment comprendre tout ceci ?

Dans l'évangile de Luc, le chapitre dix nous renseigne que Lorsque Jésus-Christ fut remplit de joie par le fait que ses disciples ont chassé les esprits mauvais à son nom, il prononça cette parole : « *Toutes choses m'ont été données par mon Père, et personne ne connaît qui est le Fils, si ce n'est le Père, ni qui est le Père, si ce n'est le Fils et celui à qui le Fils veut le révéler.* » (Luc 10 : 22). Il parle d'abord de son identité à lui que personne ne connait et celle de son père qui est aussi inconnue mais eux-mêmes savent qui ils sont. Alors, pour qu'une autre personne sache réellement leur identité, Il faudrait que lui-même puisse la lui révéler.

Ceux-ci sont en général des confusions qu'ils ont voulu volontairement mettre dans nos esprits. Le premier chapitre du livre de Genèse et le quarante cinquième chapitre du livre d'Esaie nous dit que c'est Dieu l'éternel qui a fait les cieux et la terre, mais le premier chapitre de livre d'Hébreux nous dit que c'est le Fils qui les a créés. Comment pouvons-nous comprendre cela ? L'explication est dans le premier chapitre de l'évangile de Jean, qui nous montre ce qui s'est fait au commencement.

Comprenons qu'auparavant, Dieu se manifestait sur terre en personne, à travers des signes et à travers des prophètes, Sur ce, il a porté plusieurs noms selon les contrés : NZAKOMBA, NZAMBI A MPUNGU, YAHWE, JEHOVA, ETERNEL etc. le monde entier le connaissait comme cela. Les gens ne connaissaient personne d'autre que le seigneur Dieu.

Après un certain temps, il y a eu des prophéties qui disaient que le fils de Dieu arrive. Beaucoup de gens se sont posé des questions et continuent à se poser des questions, afin de savoir, comment Dieu peut avoir un fils ? Or la prophétie d'Esaie dit qu'il s'appellera Emmanuel qui signifie Dieu parmi les hommes (Esaie 7 :14). Et il poursuit en disant que la souveraineté reposera sur ses épaules et on l'appellera Dieu puissant, Père éternel, Conseiller, prince de paix, garant de ce monde (Esaie 9 :6). Et lui à son arrivée, il dira que tout pouvoir lui avait été accordé et il dira encore par la suite qu'il doit partir pour qu'un autre vienne faire encore plus que ce qu'il a fait, c'est le Saint Esprit.

> ***Pourquoi Dieu d'abord, après un certain temps le Fils, et le Saint-Esprit encore ?***

Lorsque Jésus-Christ était encore présent sur terre, il envoya ses disciples d'aller chasser les esprits mauvais en son nom (Luc 10). Mais après sa mort et sa résurrection, quand il voulait partir il leur a dit de ne pas baptiser en son nom mais au nom du ***Père,*** du ***Fils*** et du ***Saint Esprit*** (Matthieu 28 : 19). La question reste à savoir pourquoi ?

Ces trois identifiants forment ce qu'on appelle la puissance de Dieu : Père, Fils et Saint Esprit (trois personnes en Dieu : trinité). C'est ainsi que Christ avait dit qu'il était sorti *du* Père pour venir au monde et il quitte maintenant le monde pour aller *au* Père. (Jean 16 : 28) C'est vraiment très logique. Et, étant donné que nous avons été faits à leur image observons notre corps.

Le corps humain à trois parties : la tête, le tronc et les membres. Chacune des parties a un rôle spécifique, mais aucune des parties ne peut se prétendre qu'elle est un corps à part entière, il faut que les parties soient ensemble pour fonctionner et pour former un corps humain. Si une partie du corps a un problème, tout le corps en souffre. C'est juste pour expliquer que la trinité ne veut pas dire qu'il y a trois Dieux comme certains le pensent. Il n'y a qu'un seul Dieu mais qui agit en trois personnes. Et ces trois personnes en Dieu sont liées entre elles à l'infini pour n'en former qu'une. Ceci peut se résumer de cette manière : « l'action du Père qui se manifeste par l'Esprit pour l'incarnation du Fils »

- Le Père est la tête c'est à lui qu'appartient les décisions, la direction et le commandement ;
- Le Fils est le tronc : la vie, la force et l'énergie
- Le Saint-Esprit est les membres : l'exécution, le mouvement, le soutien, l'action. Et comme il y a deux membres dans le corps, lui aussi à deux fonctions : être avec nous et en nous. Il touche tous les autres organes du corps (l'esprit sonde même la profondeur du Père). C'est ainsi que Jésus-Christ lui a donné un caractère intouchable (I Corinthiens 2 :10, Matthieu 12 : 31 – 32)

C'est pourquoi, bien qu'il dise à ses disciples qu'il n'est pas le Père et que le Père est plus grand que lui, Jésus-Christ a eu un grand regret lorsque l'un de ses disciples nommé Philippe lui avait demandé de leur montrer le Père.

C'est ainsi qu'il dira qu'il est *dans* le Père et que le Père est *en* lui. (Jean 14 :8-11) quiconque le voit, voit directement le père. Rappelons-nous que les Juifs ont voulu le lapider parce qu'il se faisait Dieu en disant que lui et le père font un (Jean 10 :30-33) lui qui n'est qu'un homme, le fils du charpentier. Ils ont mal compris son identité par rapport à la prophétie d'Esaie que Jésus-Christ est le Père éternel, le Dieu puissant qui, maintenant, habite parmi les hommes comme un être humain, et qu'il est l'image visible de Dieu invisible. (Colossiens 1 :15)

Les prophètes de l'ancien testament tout comme les apôtres du nouveau testament comprirent que Dieu dans son unité absolue est saint, saint, saint. Dieu a révélé dans le cadre glorieux de son trône qui est la sainte trinité.[3]

Le concile de Nicée, en 325, avait affirmé que le Fils avait la même nature que le Père, et donc qu'il était Dieu. Plus tard, le concile de Constantinople, en 381, affirma, lui, que le Saint-Esprit était de même nature que le Père.[4]

C'est ainsi que dans le livre de Genèse au dix-huitième chapitre, la Bible nous dit que l'Eternel est apparu à Abraham parmi les chênes de Mamré au singulier mais lui a aperçu trois hommes. Il a couru au-devant d'eux mais il ne les a pas appelés mes Seigneurs mais il les a appelés « mon Seigneur ». Et lorsque l'Eternel parlait il disait « Je » mais pour la narration, la Bible utilise soit « Eternel dit » soit le pronom « ils » au pluriel. Pourquoi le nom de l'Eternel doit être substitué par le pronom personnel au pluriel ? Et pourquoi Abraham a appelé trois hommes au singulier « mon Seigneur » ? C'est juste pour nous démontrer que dès le commencement il a été trois en un ou peut être un en trois. Et surtout, lorsqu'on se réfère à la création de l'homme, lorsque Dieu dit :

---

[3] MVUTU (v), le consolateur, édition Mikala Mandombe, lagos 2001
[4] KONGO(D), Papa Simon Kimbangu, Envoyé Spécial de notre Seigneur Jésus-Christ, Actes de la Conférence Internationale sur Simon Kimbangu du 12 au 15 février 2006 à Kinshasa, éd Kimbanguiste – France 2007, p38

« Faisons l'homme à notre image ». Il faut savoir qu'il y a un secret dans la trinité, que le monde ne peut jamais comprendre.

L'apôtre Paul a su cela lorsqu'il dit : « Il y a diverses sortes de dons spirituels, mais c'est le même **Esprit** qui les accorde. Il y a diverses façons de servir, mais c'est le même **Seigneur** que l'on sert. Il y a diverses activités, mais c'est le même **Dieu** qui les produit **toutes en tous**. » (I Corinthiens 12 : 4-6)

Il a diversifié l'Esprit saint, le Seigneur Jésus et Dieu pour les rassembler vers la fin. Et pour mieux expliquer ce phénomène, il dira cependant dans sa deuxième lettre aux Corinthiens : « Que la grâce du **Seigneur Jésus-Christ**, l'amour de **Dieu le Père**, et la communication du **Saint-Esprit**, soient avec vous tous! » (II Corinthiens 13 :14)

- Dieu, nous accorde de l'amour ;
- En Christ nous avons la grâce et ;
- Au Saint-Esprit la communion

Voilà en quelques mots ce que nous avons tiré de la bible à propos du règne de Dieu. En principe c'est le consolateur, le Saint Esprit qui devait venir, mais cette fois ci nous comprenons à travers les écritures que, si et seulement si qu'il viendra, il sera accompagné de Jésus Christ qui a promis qu'il reviendra au moment où le monde sera dans le trouble (Matthieu 24 : 3 – 28), et Dieu le père lui-même aussi, avec sa demeure, sa ville sainte. Ils ont décidé de venir tous ensemble, mais les gens auront du mal à les reconnaitre sauf celles qui seront éveillées. Ceci est un défi à relever de ne pas être parmi les gens éveillés spirituellement capables de comprendre et de découvrir les temps et les circonstances.

CHAPITRE II : LA DESCENTE DU REGNE DE DIEU SUR TERRE

Dieu utilise toujours des paraboles lorsqu'il donne ses promesses en termes de prophétie. La venue de Jésus-Christ sur terre était déjà annoncée depuis longtemps par des prophètes en ces termes : «Voici, la vierge sera enceinte, elle enfantera un fils, Et on lui donnera le nom d'Emmanuel » (Matthieu 1 :23, Esaie 7 :14).

Et, lorsqu'il était né, personne n'a pu établir une liaison entre lui et ce qui avait été dit. Mais des hommes sages, appelés des mages, ont vu un signe miraculeux et ont approfondi leurs analyses. C'est ainsi qu'ils avaient compris qu'un être exceptionnel était né quelque part. Alors ils se sont rendus à Jérusalem pour chercher l'endroit où cela s'était passé.

Et, ce sont les sacrificateurs et scribes que le Roi Hérode avaient rassemblé qui ont découvert le lieu en ces termes : « voici ce qui a été écrit par le prophète: Et toi, Bethlehem, terre de Judas, Tu n'es certes pas la moindre entre les principales villes de Judas, Car de toi sortira un chef qui paîtra Israël, mon peuple » (Matthieu 2 : 5 – 6, Michée 5 :1). Les événements spirituels sont simples mais pas faciles à découvrir bien que prédit déjà.

Section 1 : La période probable

Lorsque les disciples de Jésus-Christ lui avaient demandé la période de la venue du royaume de Dieu, il a répondu (Luc 17 :20-37). A travers sa réponse nous avons retenu trois éléments fondamentaux :

- Le royaume de Dieu ne vient pas en se faisant remarquer ;
- Tout comme l'éclair resplendit et brille d'une extrémité du ciel à l'autre, ainsi sera le fils de l'homme dans son jour ;

- Les malheurs et catastrophes comme ceux des époques de Noé et Lot marqueront ce temps.

Les Témoins de Jéhovah nous renseignent dans leur ouvrage que *1914 est une année décisive dans les prophéties bibliques*[5]

Ils disent qu'il y a eu des dizaines d'années à l'avance que les étudiants de la bible ont proclamé que des événements décisifs auraient lieu en 1914.

Ils nous ont expliqué que : « Jérusalem avait été la capitale de la nation juive, la résidence des Rois de la lignée de David. Cependant, ces Rois étaient uniques en leur genre parmi les dirigeants des nations. En effet, ils siégeaient sur **le trône de Jéhovah** en qualité de représentants de Dieu lui-même (1chronique 29 : 23). Jérusalem était donc un symbole de domination de Jéhovah.

« Le dernier qui y a régné ôte le turban et enlève la couronne. Ce ne sera à personne jusqu'à ce que vienne **celui qui a le droit légal.** Guerres, famines, tremblements de terre, pestes, ces événements attestent avec force que le **Royaume céleste de Dieu est né** et que les derniers jours du présent système de choses méchantes ont commencé en 1914 »[6]

Il cherchait à nous dire dans ce recueil qu'auparavant Dieu se faisait représenté par le Roi d'Israël et cela était suspendu jusqu'à ce que vienne celui qui a le droit légal. Et, des événements qui se sont passés en 1914 confirment les études menées auparavant par des étudiants de la Bible pour montrer que celui qui prétend avoir le droit légal est venu en faisant naitre le royaume de Dieu en cette année (1914).

---

[5] QU'ENSEIGNE Réellement LA BIBLE, Watch Tower Bible and Tract Society of pennsylvania 2009, page 215 à 218
[6]idem

The Bible Students Monthly

International Bible Students Association, Publishers.

Vol. VI.　　　BROOKLYN, N. Y.　　　No. 1

Religious and Scientific Gleanings.

END OF WORLD IN 1914

NOT THE VIEW OF PASTOR RUSSELL NOR OF I. B. S. A.

"The Earth Abideth Forever"—Christ Will Not Return to Earth as a Man—Present Year Believed to Mark Great Change of Dispensation, but World May Not Discern Immediate Difference.

SERMON BY PASTOR RUSSELL, PRESIDENT OF THE INTERNATIONAL BIBLE STUDENTS ASSOCIATION

A DESERVED REBUKE GIVEN BY A BAPTIST MINISTER.

"Brethren of the ministry, lend me your ears for a moment, while I present a new phase of this question.

"I do not wish to speak now of any rebuke we are giving or should give Russellism, though it deserves it. But I wish to call serious attention to the rebuke Russellism is giving us. From all our pulpits and at all our associations and other gatherings we hear Russellism denounced and the fact lamented that it is spreading the world over and winning many converts, and some of them from our own ranks.

"Now, why are so many being led astray by these teachings? Simply because Russell is teaching some truth, and very timely and precious truth, when he teaches a Millennium of peace and righteousness in the earth to follow the second coming of Christ.

"And herein consists the rebuke. Not any rebuke we are giving him, but a just rebuke Russell is giving us. Our preachers have not preached and informed the people on these subjects. Many of our people who have heard preaching all their lives have never heard a sermon on the second coming of Christ or the Millennium. Herein are we rebuked. We have not informed ourselves and our people on these subjects. If we had, they would be safeguarded against the heresies the others associate with their teachings.

"Many a man reads this literature or hears them preach and discovers that the Scriptures really teach a second coming and a Millennium, and it is such precious and conforting truth that he feels drawn toward it, and, not being previously instructed in the true Scriptural teaching on the subject, he often swallows the whole thing, good, bad and all.

"Yes, I am sick of hearing fiery and eloquent speeches denouncing the heresy. Brethren, let us display some real manhood and courage, and just own up that the fault is at our door. Let's study God's Word on the subject and no longer excuse our ignorance by persuading ourselves that Daniel and the Revelations have no message for us that we can understand. It will astonish you how much you will find on these subjects, both in the Old and in the New Testaments. And if you come with open Bible to the door of wisdom and use your knuckles on the door and your knees on the floor, you will be happily rewarded.

"Yes, this precious teaching will make you a better man and will bring a great blessing to your people. And, as many signs seem to indicate the near approach of the fulfilment of the promise, it is more timely than ever for us to be properly informed along these lines. This is no doubt the reason that various groups of believers are stressing this subject.

"Once more, it is my profound conviction that God is especially and purposely firing many hearts on this subject nowadays, and that He will ultimately overrule even Russellism for His own glory by blessing whatever truth he may teach and by making it the means of provoking many other people to search the Scriptures and get their eyes open. Very fraternally,

(Rev.) J. R. Wells, *in Baptist Witness.*

PHOTO-DRAMA OF CREATION.

It is estimated that $65,000,000 are invested in the moving picture business; but of all this vast outlay none was so wisely expended nor calculated to accomplish so much good for both the head and heart as that which has gone toward the production of the Photo-Drama of Creation in all the cities of the world. It is everywhere acknowledged to be the greatest thing of its kind on earth.

WHAT IS THE SOUL?

A postal request will secure a free copy of this paper in which this interesting subject is treated in a manner pure to satisfy. Address I. B. S. A., 13 Hicks St., Brooklyn, N. Y.

I AM prompted in the selection of my text by reading an extract from the sermon of a Canadian minister delivered recently. In it he declared that 1914 would witness the Second Coming of Christ, etc. His statement allowed the inference that he holds the view common to nearly all the creeds; namely, that the earth is to be burned up and the human race blotted out; and that, incidentally, Christ will come a second time, to see that none of the Church are included in the destruction.

Mistakes of Dark Ages Being Corrected.

To my understanding, all such expectations are wholly unscriptural, untrue, misleading, and hindrances to a right understanding of the Bible. They belong to the Dark Ages, when public teachers seemed to lose all appreciation of poetic language, figurative language, mental imagery. They belong to the time when Christ's references to Gehenna Fire, which burned outside the walls of Jerusalem, were understood to mean an eternity of torture for all except the saintly few. They belong to the time when Jesus' words respecting the cutting off of the right hand and the plucking out of the right eye were misunderstood, and taken literally.

St. Peter's words are generally urged to be the foundation for the theory that the world will be destroyed by literal fire at the Second Coming of Christ, when the heavens shall be on fire, and the earth also and the things therein shall be burned up (2 Peter 3:10). A literal interpretation here overlooks the fact that St. Peter, speaking of the very same time, in Acts 3:19-21, declares that Times of Restitution and blessing—not times of world-burning—will follow the Second Coming of Jesus. It also overlooks the fact that St. Peter and the other Apostles, as well as the Master, frequently used the word fire in a symbolic sense, to represent tribulation. Thus St. Peter, addressing the Church, says: "Think it not strange concerning the fiery trial that shall try you."

St. Paul says that the fire of that Day shall try the work of every man [the Church], of which sort it is. Those who have built with gold, silver, precious stones [the promises of God's Word], shall be fireproof in that Day; while those who have built with the wood, hay and stubble of human tradition—Higher Criticism, Human Evolution, etc.—will find their faith structure amenable to the fire; and they will suffer the loss of faith and have tribulations accordingly. Yet, the Apostle explains, such will themselves be saved, but these very fiery trials will destroy their misconceptions. They will be saved because, in spite of their errors, they built their faith upon Christ.—1 Corinthians 3:11-15.

The Apostle, however, urged that all should build with gold, silver and precious stones—characteristics which would enable them to pass through the fire of that Day unscathed—"more than conquerors." Similarly, Jesus referred to a testing of faith, by the figure of a flood, telling that those who built upon the sand would suffer loss; but that those who built upon the Rock would be safe. All these Scriptures, however, these references to fiery trials, etc., belong to the end of the Age—not the end of the world.

"The Earth Abideth Forever."

The Bible teaches that in God's great Plan He has provided various epochs, or ages, each for the accomplishment of its own special work; for instance, the Jewish Age with its work, and the Gospel Age with its work, to be followed by the Millennial Age and its still different work. The Bible declares that "the earth abideth forever" (Ecclesiastes 1:4); that "God created it not in vain; He formed it to be inhabited." (Isaiah 45:18.) The earth has never yet been inhabited. There are immense tracts of country still unoccupied. The Divine Plan for the earth has not yet reached consummation. It will require the thousand years of Messiah's glorious Kingdom Power to bring the world out of present sin and death conditions, and into the glorious conditions of Millennial blessing and Restitution, of which the Scriptures so frequently speak, and which St. Peter declares God has spoken by the mouth of all His holy Prophets.

So, then, the basis for thinking of the end of the world, now or ever, is purely a misunderstanding, due largely to the fact that our English translation uses the word world where it would more properly have used the word Age, Epoch, or order of things. In a word, the present order of things, of which the Scriptures declare Satan is the prince, or ruler, is not to be perpetual; it is to pass away. A new order of things, under the control of Messiah, the Prince of Light, is to take the place of the present reign of the Prince of Darkness. A reign of righteousness and life is to succeed the present reign of sin and death, according to St. Paul.—Romans 5:17, 21.

Christ's Second Coming.

The Bible everywhere represents that Christ left a Heavenly glory when He came to earth nearly nineteen centuries ago. "The Logos was made flesh and dwelt among us." The Bible explains that the necessity for this humiliation, this leaving the glory and taking a bondman's form, lay in the fact that God had pronounced a death sentence upon man, which mankind were paying and from which they could not be released unless someone would become their redeemer and meet the penalty for them—a death penalty, not an eternal-torment penalty, of which the Scriptures know nothing.

The Bible nowhere tells that Jesus took the human nature to keep it forever, and to return with it to Heaven, where it would be completely out of order and out of place. The Bible teaches, on the contrary, that "flesh and blood cannot inherit the Kingdom of God" (1 Corinthians 15:50); and that Jesus was made flesh merely "that He, by the grace of God, should taste death for every man" (Hebrews 2:9); and that after doing this work He would "ascend up where He was before." (John 6:62.) St. Paul assures us that this, the Divine Program, has been carried out. After telling of our Lord's obedience to the Father's will in humbling Himself to death, even the death of the cross, he adds, "God hath highly exalted Him"—"far above angels, principalities and powers."—Philippians 2:5-11; Ephesians 1:20-23.

The Master declared plainly, "Yet a little while, and the world shall see Me no more"; but He promised that He should be seen by His followers. St. John declares, "We shall be like Him; for we shall see Him as He IS." (1 John 3:2.) We read: "Every eye shall see Him"; but this, to be in harmony with the other Scriptures, must refer to the eyes of understanding. The Bible declares that eyes of human understanding are blinded now by error and sin, but that shortly all the blind eyes shall be opened. Then all will see Messiah and His Kingdom with the eye of faith, as the Church now see Jesus, the crown of life, and the things which the natural eye hath not seen.

Parousia — Presence; Epiphania— Manifestation.

Our English word coming is used to translate several very different Greek words. One of these is Parousia, which means presence, and is used in referring to the first stage of the Lord's Second Advent. He will be invisibly present. For a time none but the saintly few whose eyes of understanding are anointed through the Word and the Spirit will realize His Parousia, His presence, while all things earthly will continue as they have been—buying, selling, building, marrying, etc. Then, later on, will come the Epiphania; that is to say, the revelation, or manifestation, of the present One. This will not be a manifestation in the flesh, but in a great Time of Trouble, symbolically represented as fire, as when we read, "He shall be revealed in flaming fire, taking vengeance."—2 Thess. 1:7-10.

To my understanding, the Bible teaches that Jesus has been present in the world since 1874. In other words, His Second Advent then began. The wonderful progress in the world since then Bible students thus explain; the wonderful blessing upon them and their study of the Bible they interpret in harmony with this. They understand the Bible to teach that this Parousia will continue for a thousand years; but that the Epiphania, or manifestation to the world, will be due in forty years from the time the Presence began. For this reason they are looking

(Continued on 2d page, 2d column.)

PASTOR C. T. RUSSELL.

La publication de pasteur TAZE RUSSELL aux Etats-Unis à propos de l'année 1914. Il a averti que des grands évènements auront lieu en cette année qui, selon lui, marqueraient la fin du monde

Peut-on ignoré les recherches menées par ces étudiants, et des publications faites qui, avant 1914, ont senti qu'a cette année le royaume céleste de Dieu sera né et que cette naissance sera accompagnée par de guerre, famine, trouble mondial …

Jusqu'à présent leur thèse n'a jamais été remise en cause et les témoins de Jéhovah ont soutenu cela dans plusieurs de leurs ouvrages comme celui cité.

Les catastrophes qu'ont subies le monde en 1914, le timing biblique qu'a fait l'objet d'étude des étudiants et les indices donnés par Jésus, prouvent avec certitude qu'en 1914 un grand événement divin était passé si ce n'est que l'installation du Royaume et du règne de Dieu sur terre.

Section 2 : L'endroit probable

Concernant l'endroit, Jésus-Christ a dit seulement que : « là où sera le corps, là se rassembleront aussi les vautours. » (Luc 17 :37) sans pour autant oublier que le royaume sera donné à une nation moins importante pour en produire le fruit au moment voulu. La pierre qu'on rejetait ceux qui construisaient devenu la pierre angulaire.

Le livre d'Esaïe à son tour, le message au chapitre 19 est intitulé : « voici le seigneur il arrive en Egypte ». Il est à noter qu'à cette époque lorsqu'on parlait de l'Egypte cela sous entendait l'Afrique entière. C'est-à-dire que lorsqu'on voulait parler de l'Afrique on utilisait toujours l'Egypte. (II Chroniques 12 : 3)

Les versets 19 et 20 de ce chapitre disent : « Un jour, il y aura au **centre de l'Égypte (Afrique)** un autel dédié au Seigneur, et une pierre dressée en son honneur à la frontière du pays. Ce sera un signe attestant que le Seigneur de l'univers **est présent** en Égypte. Quand les Égyptiens (africains) appelleront le Seigneur au secours contre ceux qui les oppriment, **il leur enverra un sauveur**, qui prendra leur défense et les délivrera ». Donc, le paraclet promis par Jésus-Christ sera présent en Afrique.

L'homme blanc mena des études sur le royaume de Dieu et il sut que la nation moins importante qui devrait recevoir le dit royaume ne peut se trouver qu'au centre de l'Afrique, il rechercha des voies et moyens pour récupérer cela. Il prit l'initiative d'envahir l'Afrique centrale pour la distraire et de mettre en place un mécanisme afin de faire déplacer des masses de noirs africains pour que le royaume soit toujours de son côté. C'est ainsi qu'il y a eu la traite négrière et les colonisations européennes. Mais les pensées des hommes ne sont pas celles de Dieu.

Vu que sa mission était loin d'avoir un succès, il utilisa alors l'évangile comme une arme de distraction par une mauvaise interprétation de la Bible ; Entre autre : « Dieu ne peut pas être une personne, le Saint-Esprit n'a pas un corps, Dieu ne peut pas habiter sur terre ou plus encore sur une maison construite par l'homme, personne n'a jamais vu Dieu, Jésus nous a apporté la grâce et que la loi n'était que pour le juif, les interdictions (viande de porc, vin,…) ne sont pas vraiment importantes, une femme peut prier sans se couvrir la tête, pour prier il faut crier et avoir l'air autoritaire, parler en langue que personne n'interprète pour faire croire en la présence de l'Esprit Saint, et que la coutume noire c'est de la sorcellerie, le royaume de cieux est seulement pour le pauvre, Jésus-Christ ne reviendra que le jour du jugement, etc. » Tout cela pour l'aveuglement de l'homme noir, car ils ont su que ce dernier héritera le royaume et le règne de Dieu.

Vers les années 1704, une femme âgée de 20 ans appelée Kimpa-Vita va mourir en Afrique centrale dans le royaume KONGO, suite à une forte fièvre. Mais, avant de procéder à son enterrement, elle va ressusciter de la mort. C'est ainsi qu'en se réveillant, tout devient clair pour elle et va raconter à tous ceux qui l'avaient entourée, qu'elle vient de rencontrer Dieu, les anges de la **race noire** et le Roi VITA-NKANGA (Antonio 1er) qui était un ancien Roi du Kongo tué par un membre de son royaume sous l'ordre des prêtres. Ceux-ci lui montrèrent les causes et les origines de la souffrance de l'homme noir. Ainsi, ils l'ont choisie et confiée la mission de l'annoncer aux noirs.

Dieu lui a dit qu'il avait vu la souffrance et l'oppression de l'homme noir, et que lui-même viendra pour sauver cette race de cette souffrance, et il lui a demandé d'annoncer qu'il viendra au nom de KIMBANGU. C'est ainsi qu'elle commença à enseigner aux noirs les réalités qu'elle avait vécues.

Comme conséquence de sa révolution spirituelle qui s'établit au milieu de la tradition de l'ancien royaume Kongo, c'est l'invocation de l'esprit et du nom de « Kimbangu » dans les actes de résurrection des mort-nés, sous la forme de slogan **« Kimbangu wunfundil'omwana, Kimbangu wunfundil'omwana »** Kimbangu ressuscite-nous l'enfant. Ainsi, les enfants revenaient miraculeusement à la vie.[7]

La Prophétesse Kimpavita Ndona Béatrice

« Nous aussi nous avons des saints au Kongo. Les blancs ont blanchi Dieu pour leur profit mais un nouveau royaume va naître et il faudra reconstruire la ville, relever les maisons. »

En bref, Kimpa-Vita et sa révolution des mentalités a cherché à africaniser l'Eglise, c'est-à-dire à organiser une religion qui pouvait répondre favorablement aux aspirations de l'homme africain ; une religion qui tenait en

---

[7] KILOMBO (J), <u>La Prophétesse Kimpa Vita Nsimba Ndona Béatrice et l'avènement de Papa Simon Kimbangu</u>, Actes de la Conférence Internationale sur Simon Kimbangu du 12 au 15 février 2006 à Kinshasa, éd Kimbanguiste – France 2007, p58

compte les valeurs proprement africaines, où l'africain, loin d'être un simple objet susceptible d'être adjugé aux transactions du commerce des esclaves, puisse se sentir libre chez lui. Au moins c'est ce que nous pouvons trouver dans les saintes écritures : « lorsque les cœurs se convertissent au seigneur, le voile est ôté. Or, le seigneur c'est l'esprit : et là où est l'esprit du Seigneur, là est la liberté (II corinthiens 3 :16 - 17)[8]

L'homme blanc a vu que KIMPAVITA commençait à détourner l'attention des noirs, il a vite cherché à l'éliminer. C'est ainsi que KIMPAVITA a été brulée vivante avec un enfant sur son dos.

Avant sa mort en 1706 Kimpa-Vita avait prédit à haute voix qu'elle allait bien sûr mourir, mais que KIMBANGU viendra pour libérer le peuple de l'esclavagisme et de l'humiliation. Et elle ajouta encore que : « la parole que vous avez rejetée renaîtra loin d'ici, et vous allez beaucoup souffrir avec cela, vous ferez de longues distances et vos pieds enfleront pour aller à sa rencontre, rechercher l'assistance spirituelle. »[9]

En date du 03 septembre 1910, une constellation telle que nos ancêtres n'en avaient jamais vue jusque-là fut observée pendant plusieurs jours en Afrique centrale. Elle intrigua aussi bien les africains que les européens. De nuit, elle éclairait d'une luminosité qui approchait de beaucoup celle de la pleine lune. L'esprit de Dieu avait révélé à certains de nos pères dans la région de Nkamba que cette constellation était le signe qui attestait que l'Eternel avait tourné sa face vers l'Afrique. Il leur fut révélé aussi que le monde était sur le point de faire l'expérience de tribulations d'une ampleur sans précédent dans l'histoire.[10]

---

[8]KILOMBO (J), op.cit, p55
[9]Idem, p59
[10] DIANGIENDA (K), <u>Histoire du kimbanguisme</u>, éd. Kimbanguistes-Kinshasa, Zaïre 1984, p20

Section 3 : l'installation du royaume de Dieu

Après avoir envahi l'Afrique pendant plus de quatre siècles, les européens se regroupèrent à Berlin en 1885 pour se partager les territoires africains et faire de cela des Etats (colonies). C'est ainsi que le Royaume Kongo se retrouva dans trois Etats différents qui sont actuellement:

- La République Démocratique du Congo (Kinshasa) : qui fut à l'époque la propriété du Roi de la Belgique Léopold II, qui la céda en 1908 entièrement à la Belgique pour devenir une Colonie Belge ;
- La République du Congo (Brazzaville) : qui fut une Colonie Française ;
- La République de l'Angola (Luanda) : qui fut une Colonie Portugaise

Notons aussi qu'une toute petite partie du Royaume Kongo se trouve aussi au Gabon que nous n'avons pas ignoré.

Alors, un matin à 08h, vers l'année 1886 (une année après le partage de l'Afrique), revenant de la rivière avec sa cruche pleine d'eau sur la tête, une femme dans le village de Nkamba en République Démocratique du Congo (Etat Indépendant du Congo à l'époque), au nom de Maman LUEZI, épouse de Tata KUYELA, fut surprise par l'irruption d'un homme brillant de tout éclat, qui lui dira qu'elle va mettre au monde un enfant qui sera quelqu'un d'extraordinaire et qu'elle devait lui donner le nom de KIMBANGU car, disait-il, cet enfant a une mission spéciale.

Le 12 septembre 1887 dans le village de NKAMBA, province du Kongo-Central en République Démocratique du Congo, naîtra cet homme annoncé par l'ange au nom de KIMBANGU (il est à noter que ce nom était déjà utilisé pour faire revenir à la vie les mort-nés). Tout en ayant un corps d'homme, il était différent par son caractère, ses faits et gestes. À 31 ans, sa femme MUILU le surprend entrain de monologuer pendant la nuit. Par la question lui posée par elle, afin de savoir pourquoi il parlait tout seul, il répondit qu'il parlait avec Jésus-Christ qui lui demandait de faire le travail qui lui avait été destiné.

En 1914 le monde fut secoué par l'éclatement de la première guerre mondiale. Certains établirent immédiatement un lien entre l'apparition des étoiles en 1910 et les événements de 1914. Or, les étudiants de la Bible avaient déjà prédit que ces événements auront bien lieu pour attester que le royaume de Dieu est né. Sans oublier encore ce que Jésus-Christ a donné comme indice de son retour qui ne sera pas encore la fin du monde (Matthieu 24 : 3 – 6)

Il convient de signaler que c'est au cours de cette année que le premier fils de Papa Simon Kimbangu au nom de Papa KISOLOKELE LUKELO vit le jour, le 12 février à NKAMBA.

Papa Kisolokele Lukelo Daniel Charles
Fils ainé de Papa Simon Kimbangu

Deux années plus tard une grippe opéra de véritables hécatombes secouant des villages entiers. C'est à cette époque que Papa Simon Kimbangu aura son deuxième fils au nom de Papa DIALUNGANA KIANGANI en date du 25 mai 1916 à Nkamba également

Papa Dialungana Kiangani Salomon Paul
Deuxième fils de Papa Simon Kimbangu

En 1918 le dernier fils de Papa Simon Kimbangu au nom de DIANGIENDA NKUTIMA est né également à NKAMBA le 22 mars. Et c'est en ce jour-là que la paix fut rétablie. Fini la guerre par la signature de l'armistice quelque mois après, donc le 11 novembre. A cette année-là Jésus Christ prévint Papa Simon Kimbangu qu'il lui fallait bientôt débuter la mission qui lui avait été destinée et qui consistait à répandre la bonne nouvelle du salut.[11]

Papa Diangienda Kuntima Joseph
Fils cadet de Papa Simon Kimbangu

Kisolokele signifie : il est révélé ce qui était perdu

Dialungana signifie : l'accomplissement de la promesse

Diangienda-Ku-ntima veut dire : qui m'est allé droit au cœur.

---

[11] DIANGIENDA (K), op.cit p21

> *Pourquoi il a été dit que Dieu viendra s'installer sur terre, Jésus-Christ reviendra encore et le Saint Esprit viendra pour y demeurer éternellement ?*

Il est vraiment difficile de comprendre toutes ces paroles Bibliques qui sont non seulement codées mais encore compliquées, alors nous avons trouvé des explications à cela qu'à travers une révélation faite en temps réel par Maman Odette LOBOTA que nous voulons communiquer afin qu'on ait un éclaircissement.

Odette LOBOTA
Membre du Royaume des Témoins de Jéhovah

C'était un certain 27 août 2013 que cette femme au nom de LOBOTA ODETTE habitant à Inongo dans l'ex province de l'Equateur (RDC) s'est rendue à Nkamba pour dire qu'on lui a donné un message pour les africains.

Maman Lobota était morte par balle en 2006 à Kinshasa, vers Rond-point Ngaba comme elle le disait. Elle était venue chercher de la nourriture pour son mari qui était hospitalisé aux Cliniques Universitaires de Kinshasa pour la paralysie de bras et de bouche. Pendant son séjour de mort dans l'au-delà, elle a vue beaucoup de choses qu'elle avait racontées dans son témoignage, parce qu'on l'avait autorisée de parler car, dans le kimbanguisme les témoignages sont interdits.

Elle dira vers la fin, car le témoignage est vraiment long qu'on ne pourra tout raconter: « …sous un grand arbre, j'ai vu trois hommes, le 1er me

dit : « c'est moi KISOLOKELE qui signifie Dieu parmi les hommes. Je suis venu sur terre seulement pour accompagner Kimbangu. En créant le monde j'avais deux enfants, Kimbangu qui est l'ainé et son petit frère Jésus ; je les envoyai pour que chacun sauve ses siens. Kimbangu a décidé que Christ parte d'abord et il était parti. Alors à son tour à la 4ème génération il ne voulait pas partir. C'est ainsi que moi et Christ avons décidé de l'accompagner. »

Le 2ème me dit :

« Sur terre j'ai été appelé DIALUNGANA Mfumu a mbanza. Comme je devais accompagner mon frère, j'ai porté aussi sa race. Je gardais jalousement mes mains et mes pieds mais personne n'est venu me chercher et connaitre qui je suis vraiment. C'est ainsi que je disais toujours « NGOLO MU BISAMBU[12] » a toutes les doléances de gens qui venait à moi. J'étais fâché parce que les gens criait « JESUS JESUS » mais personne me cherchait vraiment et mon nom est devenu sujet de moquerie « yayesus, mobali ya libala… » Mais j'étais là à deux reprises mais personne ne m'a cherché et reconnu.

Le 3ème me dit :

« C'est moi Kimbangu qui suis allé, l'homme blanc ne m'a pas facilité la tâche en m'arrêtant, j'ai commencé à briser les chaines qu'on m'attachait et d'aller faire ma mission en secret. Fatigué de cette pratique, c'est ainsi que je me suis

---

¹² NGOLO MU BISAMBU signifie « la force dans des prières » ou mieux « priez fortement »

lué au même moment je suis directement entré dans le ventre de la femme de mon fils pour redevenir un petit enfant. Comme je grandissais, j'ai commencé à

me sentir capable, j'ai renvoyé Dieu le père et le Saint Esprit et je suis resté avec le Christ. Alors le moment est venu pour finir le travail commencé, j'ai renvoyé le Christ et j'ai recommencé mon travail. Va dire à l'Afrique de prêcher mon nom KIMBANGU pour être sauvé car je suis revenu pour payer mes gens qui ont vécu de grande tribulation. Je ne suis pas mort, je suis présent physiquement à Nkamba nouvelle Jérusalem. »

Ce témoignage a fait troubler même le Kimbanguiste qui était étonné d'entendre cela de quelqu'un qui ne maîtrise en rien l'histoire de Papa Simon Kimbangu, de ses enfants et de sa doctrine. C'est ainsi que tout le monde était éclairé de la mission de Papa Simon Kimbangu et de ses trois fils.

Papa Simon Kimbangu a fait naître le royaume de Dieu entier sur terre, la coïncidence en est que Dieu le père ici appelé KISOLOKELE est né justement en 1914 l'année déjà prédite où le royaume devait naitre et le catastrophe servant comme indice était effectif. Papa DIALUNGANA ici considéré comme le Christ est né à la même date qu'était né Jésus à Bethléem (cfr. Supra, p77). Par ailleurs, La naissance de Papa DIANGIENDA l'incarnation du Saint Esprit Kimbangu, a mis fin à la guerre. Peut-on dire que ces sont des simples coïncidences ou y-a-t-il quelque chose cachée.

Ils sont tous à Nkamba, appelé aujourd'hui Nouvelle Jérusalem, où est construit un grand temple pour servir Dieu jour et nuit comme Jean l'avait vu (Apocalypse 7 :9-12). Le peuple qui servait Dieu était habillé en robe blanche et tenait en mains le rameau. Si nous rassemblons ces deux couleurs, nous aurons comme résultat vert et blanc qui est l'uniforme que portent les Kimbanguistes. Voilà comment Dieu s'est arrangé pour faire venir son règne sur terre.

CHAPITRE III : SIMON KIMBANGU LE PRECURSEUR

Il est certes vrai que le nom de Papa Simon Kimbangu est fortement répandu dans le monde entier. Mais, la majorité des personnes n'arrive pas à déceler la pertinence de la mission de ce dernier, et sur base de quoi son enseignement était basé. Mais avant de comprendre cela il faudrait d'abord avoir une idée de sa personne.

Section 1 : Qui est Papa Simon KIMBANGU

Jusqu'à présent tant de réponses sont récoltées à cette question, noir, blanc, congolais, belge, africain, américain, européen, chacun le connait de sa façon : un grand homme, serviteur de Dieu, prophète, envoyé, sauveur de la race noire, ntumua, ngunza, Mvuluzi, être exceptionnel, héros national…

Faisons remarquer que, lorsque Jésus-Christ était arrivé au moment de passer à son épreuve, il a eu du mal à transporter sa croix. Un noir est sorti de l'Afrique disant qu'il s'appelait Simon venu à son aide et transporta la croix à sa place. Son histoire est négligée parce qu'il était noir et africain. Comment quelqu'un qui n'est pas de la même famille, ni de la même ville, pays et continent que Jésus-Christ soit venu à son secours en acceptant cette lourde charge et n'a laissé qu'un seul moyen de le reconnaitre, son prénom SIMON. Ceci n'est qu'une parenthèse que nous refermons.

Le nom que porte une personne transmet un message au-delà de son caractère de fossile. L'anthroponyme permet aussi de saisir le rapport de l'homme qui nomme au temps : le passé et le présent. L'anthroponyme contribue ainsi à la reconstitution de l'imaginaire collectif d'un peuple à travers le système de nomination et de classification des anthroponymes. Dans la société Kongo, le nom a une très grande importance. Donner un nom à quelqu'un ou à quelque chose suppose connaitre. En effet, tant que tu ne connais pas les lois régissant la nature, les hommes dans leurs rapports avec le cosmos et le Nzambi'ampungu (Dieu tout puissant) tu ne peux pas nommer[13]

Les anthroponymes prémonitoires sont des noms qui portent en eux des valeurs, des ambitions, la mission future d'une personne donnée. Ils sont une projection d'une action de grande envergure à venir. En portant un tel nom, il ne reste qu'à son propriétaire de dévoiler, tout au long de sa vie, ce que les ancêtres, les dieux et Dieu lui-même ont voulu manifester à une famille ou à un peuple à travers lui. De ce fait, le nom véhicule une énergie, celle-ci donne à celui qui le porte un pouvoir. Ce pouvoir est généralement exprimé par l'adjonction du préfixe *ki* : *ki-nganga,* pouvoir du guérisseur, *ki-ndoki,* la sorcellerie, *ki-tata, ki-mama,* le pouvoir magique du père et de la mère de bénir et maudire leur enfant. *Ki* est un préfixe de classe abstraite et secrète.[14] Le radical *Mbangu* veut dire maitrise, habileté, savoir-faire. *Mbangu* est aussi un coffret traditionnel dont la fonction essentielle est de fructifier l'argent, de créer de la richesse profitable à la famille du détenteur. Du verbe bangumuka, le dimunitif Kimbangu exprime ce qui plane au-dessus de. De même du verbe banguka : dénouer, porter à la lumière, révéler.[15]

Le nom « Kimbangu » signifie le pouvoir de révéler ou mieux celui qui révèle l'essence des choses cachées (Mbangudi'afika ya suekamaye ya tombe)

Aventurons-nous un peu dans cette logique ; Lorsque Dieu a donné à Moïse la mission de délivrer Israël dans l'esclavagisme en Egypte, ce dernier lui a demandé son nom pour qu'il le dise aux enfants d'Israël, et Dieu lui a dit que son nom est « il est qui il est» : « Dieu déclara à Moïse:<JE SUIS QUI JE SUIS>. Voici donc ce que tu diras aux Israélites: <JE SUIS m'a envoyé vers

---

[13] Joseph (Z) l'identité de papa Simon Kimbangu et l'émergence du kimbanguisme, Actes de la Conférence Internationale sur Simon Kimbangu du 12 au 15 février 2006 à Kinshasa, éd Kimbanguiste – France 2007, p90
[14] Idem, p95
[15] Ibidem p90

vous> ». (Exode 3 :13-14). Qui est-il maintenant ? En découvrant qui il est son nom sera aussi découvert. La réponse a été dite par Daniel en ce terme : « Il est l'esprit qui révèle des secrets les plus mystérieux. Il sait ce qui se cache dans les ténèbres car la lumière brille à ses côtés » (Daniel 2 :22). Donc ceci nous amène à cette formule : mon nom est

Je suis qui je suis = le révélateur de secrets les plus mystérieux qui se cachent dans les ténèbres = Kimbangu. Il faudrait une haute sagesse pour comprendre.

Papa Simon Kimbangu naquit le mercredi 12 septembre 1887 à Nkamba. Au sein du couple de Tata KUYELA et de Maman LUEZI, marié depuis longtemps mais qui n'avait jusqu'ici pas d'enfant. Son nom signifie « celui qui révèle le sens des choses cachées ». Lorsqu'il fut en âge de se déplacer seul, sa tante Kinzembo l'envoya à l'école de la mission baptiste de Ngombe-Matadi. Là, il apprit à lire et à écrire sa langue maternelle et il y reçut une solide éducation chrétienne dans la tradition baptiste la plus stricte. Sa vie morale était très réglée et elle avait valeur d'exemple pour les autres. Le Révérend Jennings en fit témoignage en 1921 : « …à en juger par ce qui était consigné, on pouvait dire de lui (Kimbangu) qu'il était un bon chrétien. Il n'y avait aucune indication qu'il avait été discipliné pour conduite indigne.[16]

Un soir, à l'âge de dix ans, congratulé par les anciens du village pour sa bonne conduite, Papa Simon Kimbangu dira à son Père : « *ne soyez pas émerveillé pour ma conduite et mon obéissance car avant que vous ne fussiez, je suis. Et retenez que mon nom sera connu dans le monde entier. Mais vous mon père, vous ne serez pas là* ». Il convient de reconnaitre que son propos d'enfant avait consterné les vieux qui n'avaient compris ni son langage, ni son intention. Son Père s'est senti rabaissé par son enfant qui n'avait jamais reçu de reproches de leur part.

---

[16] Cecilia (I), the birth of the Kimbanguistmovement in the Bas-Zaïre, 1921, p36 cité par Diangienda (K) dans l'histoire du kimbanguisme, op.cit, p17

C'était le 6 avril 1921 qu'il avait rassemblé les gens chez lui à Nkamba, pour leur prêcher la bonne nouvelle du salut en Jésus-Christ. C'est ainsi qu'après ce rassemblement il alla guérir une femme au nom de Nkiatondo, souffrante d'une maladie qui jusque-là ne trouvait aucune guérison. Dès lors tant de miracles se sont suivis (nous allons énumérer les grandes réalisations dans la dernière section de ce chapitre). La nouvelle s'est vite répandue, provoquant l'affluence de masse vers Nkamba, Pour multiple raisons, entre autre : écouter la parole et obtenir la bénédiction, être guérie parce qu'elle se sentait spirituellement abandonnée et encore être témoin oculaire des événements car dit-on qu'une nouvelle puissance opère des merveilles divines à Nkamba (la résurrection des morts, la guérison de paralytique et autre malade...) l'on comptait une moyenne de mille personne par jour qui se rendaient à Nkamba à cet effet.

Papa Simon Kimbangu n'a eu que deux mois pour exercer son ministère à Nkamba, car en date du 6 juin 1921, les soldats sont venus envahir Nkamba pour disperser la foule et arrêter le messie noir qui était Kimbangu. Il s'était échappé pour continuer son ministère à Mbanza-Sanda où il resta trois mois durant entrain de prêcher, de guérir et de prophétiser. Vu que le gouvernement du Congo Belge à l'époque était à sa recherche, il se rendit le 12 septembre, le jour de son anniversaire de naissance, afin d'être arrêté. C'est ainsi qu'il a été condamné à mort en date du 3 octobre 1921 par le Conseil de guerre de Thysville (Mbanza-ngungu).

Papa Simon Kimbangu avait dit que c'est Jésus-Christ qui est le sauveur et lui le Ntumua (envoyé), il n'a reçu auprès de lui que la mission de proclamer le salut éternel au sien. Ceci est une révélation dans sa réponse devant la barre pendant son jugement à Mbanza-Ngungu, lorsqu'on lui demanda qui il était et sans ambages il répond : « je suis l'envoyé de Jésus Christ ». Pour vrai que soit cette affirmation, elle suppose au fond qu'entre celui qu'on envoie et celui qui envoie, qu'il y a connaissance mutuelle.[17]

Jugé par le conseil de guerre de Thysville (Mbanza-ngungu aujourd'hui), Papa Simon Kimbangu fut condamné à mort par le verdict du 3 octobre 1921, peine commué à la servitude pénale à perpétuité par le Roi de la Belgique. Plusieurs actions de vouloir mettre fin à sa vie ont été tentées mais aucune n'a connu de succès. C'est ainsi qu'il se verra purgé sa peine à la prison d'Elisabethville (Lubumbashi).

30 ans après sa condamnation, on le surprend un grand matin du 4 octobre 1951 en dehors de sa cellule de prison qui n'était pas encore ouverte. Les gardes étaient étonnés et lui ne répondait à aucune des questions lui posées par eux. C'est seulement lorsque le commandant de la prison était alerté, car la situation était vraiment scandaleuse, que Papa Simon Kimbangu lui dira qu'ils se sont convenus avec Jésus-Christ qu'il fera 30 ans de prison. C'est ainsi qu'aujourd'hui il met fin à cela. Aucun soldat n'arrivait à s'approcher de lui pour le tenir afin de le faire rentrer dans sa cellule. Et pendant que le commandant essayait de trouver une solution, Papa Simon Kimbangu demanda en ce qu'on le conduise à l'hôpital car il ne se sentait pas bien. C'est ainsi qu'il mourra le 12 octobre 1951.

Avant sa mort, donc au matin du douze octobre, Papa Simon Kimbangu a dit à ses gardes du corps qu'il va bien sûr mourir à 15 heures et cela s'était passée comme il l'avait prédite. C'était une histoire ou mieux un témoignage raconter par Monsieur SAKUABANGU qui fut l'un de soldat chargé de le surveiller, il a vécu toutes les scène faites par Papa Simon Kimbangu avant sa mort comme le fait de frapper à trois reprises chacune de ses mains sur son ventre pour faire disparaitre tous les organes internes de son

---

[17] ZIDI (j), l'identification de papa Simon Kimbangu et l'émergence du kimbanguisme, Actes de la Conférence Internationale sur Simon Kimbangu du 12 au 15 février 2006 à Kinshasa, éd Kimbanguiste – France 2007, p99

corps. C'est ainsi que le Médecin qui a cherché à savoir la maladie qui a causé sa mort, n'a rien trouvé dans son ventre pendant l'autopsie car, il n'y avait ni intestin, ni foie, ni poumon, ni cœur, ni estomac. Il était étonné de constater que le ventre était vide et que tous les organes du corps étaient disparus.

Quelques personnes du Bas-Congo (actuel Kongo-central) se trouvant à cette époque à Lubumbashi sont venues demander le corps de leurs frères pour l'enterrer dans de bonnes conditions. Nous avons eu la chance de rencontrer un parmi eux de notre enfance au nom de Papa Jean DIMBELOLO qui nous avait dit que lorsqu'ils nettoyaient le corps, ils étaient intriqués de constater que Papa Simon Kimbangu avait un œil ouvert et un autre œil fermé. Et, le jour de son enterrement l'autorité coloniale mettra une dizaine de soldats au cimetière. Il leur demanda d'être éveillés pour tout ce qu'ils verront s'y passer.

Alors tout ça nous amène à se poser une question. Qui était-il donc ce Simon Kimbangu et que signifie tout ceci ?

Jésus-Christ a promis qu'il enverrait quelqu'un, un autre consolateur, un paraclet, le Saint Esprit que le monde n'acceptera pas parce qu'il ne le verra et ne le connaitra pas. Mais pour ceux qui le connaitront il restera avec eux et il sera en eux. (Jean 14 : 16 – 17) Et ce dernier ne parlera pas de lui-même mais il dira tout ce qu'il aura entendu de Jésus-Christ (Jean 16 :13) ; or lui-même Jésus disait que tout ce qu'il dit ne sont pas ses paroles à lui mais c'est celles du Père (Jean 14 :10). Donc nous trouvons, à travers ceci, une connexion entre l'envoyé, Christ et le Père.

A travers ceci, et à la lumière des précédents chapitres, nous disons que Papa Simon Kimbangu est celui que Jésus Christ a promis d'envoyer, il est le Saint Esprit et il est lié à Jésus-Christ et au Père. C'est ainsi qu'il ne s'est pas limité à être seulement l'envoyé, mais il a aussi fait descendre le royaume de

Dieu entier dans cette dernière génération. Si vous ne croyez pas à lui, croyez au moins à son enseignement et à ses œuvres. C'est la parole du Christ. Car il ya longtemps que Jésus-Christ a voulu nous rassembler, mais nous ne voulons pas. C'est ainsi qu'il avait dit : « voici que votre maison vous sera laissée déserte car, je vous le dis, vous ne me verrez plus désormais jusqu'à ce que vous disiez : *béni soit celui qui vient au nom du seigneur* » (Matthieu 23 : 37-39). C'est seulement après que nous dirons ceci que nous verrons Jésus-Christ.

Il reste maintenant à savoir : Qui est celui qui vient au nom du seigneur ? Et si jamais nous ne disons pas *« béni soit celui qui vient au nom du seigneur »*, en d'autres termes si nous le reconnaissons pas, notre maison restera toujours déserte ? C'est ainsi qu'il faudrait maintenant établir un parallélisme entre Papa Simon Kimbangu et l'envoyé que Jésus-Christ a promis à travers son enseignement et ses œuvres.

Section 2: L'enseignement de Papa Simon Kimbangu

Le travail que devait faire Papa Simon Kimbangu était déjà annoncé par Jésus christ lui-même qui l'avait reparti de la manière suivante :

- Rendre témoignage de lui (Jean 15 : 26) ;
- Enseigner et rappeler sa parole (Jean 14 : 26) ;
- Convaincre le monde en ce qui concerne le péché, la justice et le jugement (Jean 16 : 7 - 11) ;
- Conduire dans toute vérité (Jean 16 :13) ;
- Annoncer les choses à venir (Jean 16 :13)
- Révéler sa gloire (Jean 16 :14)

A cet effet, lui-même Jésus lui donnait tant de titre : Consolateur, Défenseur, Esprit de vérité. Mais selon le prophète Esaïe, il est le Rédempteur de la race opprimée (Esaïe 19:20)

Dans son émission intitulée « Kimbanguismo », Jean Kikifuene Luzamba explique que lorsque les missionnaires vinrent évangéliser en Afrique, ils trouvèrent sur place un peuple déjà croyant. Les africains croyaient déjà en un Dieu. Cependant, nos ancêtres étaient très étonnés d'apprendre que Dieu avait un fils Jésus, en qui il fallait nécessairement croire pour être sauvé. Cette notion du fils unique de Dieu, seul sauveur et rédempteur de l'humanité, dépassait largement leur entendement. La colonisation aidant, les missionnaires catholiques et protestants arrivèrent à vaincre l'incrédulité de certains de nos ancêtres. Malgré la conversion massive, beaucoup de nos ancêtres considèrent, dans leurs for intérieur, l'histoire de Jésus-Christ comme étant une légende, dans la mesure où ce fameux Jésus leur paraissait très éloigné. Et pour combler le tout, pourquoi faudrait-il nécessairement croire en lui ? A ses miracles ? Et surtout à sa capacité de sauver une race différente de la sienne ? Telles étaient des différentes interrogations que ne cessaient de se poser nos ancêtres.

Les réponses à toutes ces questions et à tant d'autre ne tardèrent pas à venir car, le 06 avril 1921 il plut à notre seigneur Jésus-Christ d'envoyer en Afrique un sauveur Papa Simon Kimbangu, avec comme mission : prêcher en Afrique et à travers le monde le grand et glorieux évangile de Jésus-Christ qui est plénitude, libération du corps et de l'esprit, justice et paix véritables. Ceci se passa à Nkamba en République Démocratique du Congo. En débarquant en Afrique, Papa Simon Kimbangu présenta aux africains ses « lettres de créance » par lesquelles, Jésus-Christ le mandate vers eux. Il ressuscita les morts, rendit la vue aux aveugles, fit marcher les paralytiques et accomplit plusieurs autres merveilles divines au nom de Jésus-Christ.

Lorsque Papa Simon Kimbangu reçut la lumière du Christ, il avait l'obligation de la propager à tous ses frères de race, ainsi qu'à toutes oreilles attentives pour le salut de tous. Cependant face à ses frères de race, il se devait de répondre à plusieurs questions d'importance capitale : quelle sorte de personne était ce Jésus de Nazareth ? Comment fallait-il parler de lui en Afrique afin que l'africain puisse le rencontrer ? Comment révéler sa gloire et rendre témoignage de sa personne ?

Pour Papa Simon Kimbangu les réponses étaient dans l'africanisation du Christianisme. En d'autre terme, prêcher le christianisme avec les mots et expressions culturelles propres aux africains. Ainsi, outre la bible, Papa Simon Kimbangu utilisa un autre puissant outil de communication, mieux d'évangélisation que sont les cantiques inspirés. Ainsi verra-t-on se développer dès l'aube du Kimbanguisme une hymnologie spirituelle vibrantes et vivifiantes. Cette hymnologie se démarque de celle de missionnaire par son originalité qui réside dans le fait que les chansons ne sont pas composées par des hommes mais émanent directement du Saint-Esprit.

En effet, le 18 mai 1921 le Révérend Jennings se rend personnellement à Nkamba accompagné de Monsieur Hillard et de deux dames Britaniques. A leur arrivée, Révérend Jennings déclare à la foule : nous sommes ici pour récupérer les recueils des cantiques baptistes que vous détenez. Papa Simon Kimbangu se retire aussitôt, il va en retraite et appelle le seigneur Jésus qui descend du ciel. Papa Simon Kimbangu lui parle en ces termes : « *Seigneur ! Les missionnaires sont venus récupérer leurs recueils des cantiques.* » Le Seigneur lui répond : « *A partir d'aujourd'hui, les ministères sont séparés, vous avez votre ministère et eux aussi le leur.* » Il rentre de sa retraite et s'adresse à la foule en présence de ces missionnaires : « *calmez-vous ! Dieu m'a dit : désormais les ministères sont séparés, les baptistes ont le leur et nous aussi le notre.* » Sur le champ John Mukoko, sacrificateur de Papa Simon Kimbangu entend du ciel des voix entonner une mélodie et il dit à la foule : « *j'entends un cantique chanté au ciel* » il l'entonne seul d'abord et l'apprend à la foule par la suite. (A makesa ma ndungini, lu vuatenuaninu, kuayisunusambulua, nu vuatenuaninu : soldats de la victoire, revêtez vos armures, vous serez bénis par

Jésus, revêtez vos armures.)[18] Dès lors, plusieurs autres personnes ont commencé aussi à capter des chansons et cela continue à se faire jusqu'à nos jours.

La toute première chanson captée alerte la masse d'être de vaillant soldat pour être bénit par Jésus-Christ, et que la victoire est certaine. Car, ce n'est pas à l'homme que nous serons affrontés, mais aux Autorités, aux Pouvoirs, aux Dominateurs de ce monde de ténèbres, aux esprits du mal qui sont dans les cieux (Ephésiens 6 :12) c'est ainsi qu'il faudrait être revêtu de toutes les armures. L'outil utilisé par Kimbangu à travers son ministère avait une importance capitale. Les chansons étaient captées par quiconque disponible et inspiré parmi les gens qui affluaient vers Nkamba.

Voici l'entièreté de la première chanson kimbanguiste capté par Jean Mukoko :

1.A makesa ma ndungini Nuvuat'enuaninua Kua yisu nusambulua Nuvuat'enuaninua	1. Les vaillants soldats Revêtez vos armures Jésus-Christ vous bénira Revêtez vos armures
2. Muand'osa kunusambula Muna moko ma mvuluzi Mbeni' osa kunu finama Kanukita kesanga	2. L'esprit saint vous conduira par l'entremise du sauveur Satan cherche à vous approcher Afin de vous opprimer
3. Nutalak'omvuluzi Ndion'okunusundisa Muna mvita yin'o wau Nu vuat'enuaninua	3. Dressez vos regards au sauveur Qui vous rendra victorieux Du combat qui est engagé Revêtez vos armures
4. Nusamba kua nzambi ose Ndiona wanu yekuele Yisu klisto wamvuluzi Nu vuat'enuaninua	4. Rendons grâce à Dieu le Père Qui donna son Fils unique Jésus-Christ notre sauveur Revêtez vos armures
5. Yisu wayiyekuele Kakomua vana nti Menga mandi masolele Muna kutu kianzisa	5. Jésus se sacrifia pour nous Il mourut sur la croix Son sang précieux a jailli Pour nous purifier

---

[18] NSAMBU (A), <u>Témoignages sur la genèse des cantiques kimbanguistes</u>, Actes de la Conférence Internationale sur Simon Kimbangu du 12 au 15 février 2006 à Kinshasa, éd Kimbanguiste – France 2007, p377-378

A travers ces chansons captées par eux-mêmes, c'est-à-dire les appelés de Simon Kimbangu, C'est le caractère christocentrique qui était souligné avec force et insistance. Bien que d'autres thèmes fussent exploités aussi à travers les cantiques de cette période, faisons observer que la personne, l'œuvre, le sacrifice et le salut en Jésus Christ étaient au centre de l'enseignement dans des dits cantiques. Succinctement, cela peut être exprimé de cette manière : Dieu créateur de toute vie est un Dieu trinitaire (Père, Fils et Saint-Esprit, trois personne en un seul Dieu).

➢ Dieu le Père nous aime et il nous a donné son fils unique comme sauveur

➢ Dieu le fils est notre seigneur et sauveur, qui nous a aimé jusqu'à mourir sur la croix pour nous et qui reviendra pour sauver les siens et en suite juger le monde.

➢ Dieu le Saint Esprit est le sauveur, le consolateur que Jésus-Christ a promis d'envoyer pour parachever sa mission.

C'est le début de l'élaboration par le chant, de la doctrine, mieux de la théologie kimbanguiste. Ce qui nous pousse à faire une étude des certaines chansons pour mieux comprendre de quoi ou sur quoi était basé l'enseignement ou mieux la mission de Papa Simon Kimbangu.

Les merveilles divines qui se produisaient à Nkamba entre autre : les aveugles voyaient, les paralytiques marchaient, les muets parlaient, les morts ressuscitaient, furent accroitre la renommée de Papa Simon Kimbangu jusque dans des contrées les plus lointaines. Conséquence, l'on remarqua un gigantesque mouvement des populations vers Nkamba qui suscitait moult questions à beaucoup d'observateurs. Noirs et blancs se demandaient : « Mais que se passe-t-il donc à Nkamba ? Quelle est la personne qui traine une foule pareille et accomplit de tels miracles ? » La réponse à ses multiples questions ne tardera pas à venir à travers la chanson suivante captée par Zola Emile :

<table>
<tr>
<td>

1. O nsamu a yisu wau,
O samu kanga ko !
O yi kundi yanza yifukisua
O mvuluzi yisu i ntu

Refrain
Kua makanda ma wonso ma nza
O mvuluzi yisu i **ntu**

2. o yeto makanda ma nza
O Mvuluzi bokele mpe
O yisu I mvani a moyo
Kuandiona o kuikila

3; e ludi kiandi kasonga
Kua yeto asumuki
Adieyi tu dingamenanga do!
Tukuikila yisu do!

</td>
<td>

C'est maintenant ça l'évangile de Jésus,
Qui ne se proclamait plus !
La multitude de ce monde disparaitra
Notre sauveur Jésus est la tête

Refrain
A toutes les races du monde
Notre sauveur Jésus-Christ est la **tête**

2. Et nous races du monde
Le sauveur nous appelle
Jésus-Christ donne la vie
A quiconque croit en lui

3; il a fait preuve de son amour
Pour nous les pêcheurs
Pourquoi avons-nous de réticence !
Pour croire en Jésus!

</td>
</tr>
</table>

Ce cantique, parmi le tout premier, informe tout le monde sur ce qui se passe maintenant à Nkamba en présentant celui qui est au centre de tous les événements qui se passaient là, c'est Jésus-Christ qui est au centre des œuvres de Papa Simon Kimbangu. Maintenant c'est l'évangile de Jésus-Christ qu'on est en train de prêcher. Et le dit évangile révèle que toutes les races ont comme sauveur et tête Jésus-Christ, car il donne la vie à quiconque exerce la foi en lui. Jésus-Christ est donc le pourvoyeur de la vie, car il vivifie qu'il veut (Jean 5 :21), parce qu'il conduit au père, il révèle, il est la vie (Jean 14 :6), on accède à la vie qui est en lui que par la foi.

Intéressons-nous de l'expression « *ntu : tête* » utilisée dans ce cantique. Cette expression dénote de la primauté du Christ sur tous les êtres, mieux toutes les races. Dès l'instant où un juif ou un païen, dans le cas d'espèce un noir, reçoit Jésus Christ comme seigneur et sauveur, le Saint Esprit l'incorpore au corps du Christ, dans lequel toutes les distinctions de peuple disparaissent ou il n'y a ni Grecque, ni Juif, ni noir, ni circoncis, ni esclave mais Christ est tout en tous. Car, Dieu l'a souverainement élevé, et lui a donné le nom qui est au-dessus de tout nom, afin qu'à son nom tout genou fléchisse dans les cieux, sur la terre et sous la terre (Philippiens 2 :9-10)

Toutes les merveilles divines ou mieux les miracles qui se passaient à Nkamba, n'était qu'un appel du Christ aux africains à partir du cœur de l'Afrique, car son nom et son enseignement ne se propageaient plus et surtout que les africains avaient certaine réticence pour croire en lui et à sa parole. L'invitation du christ aux africains est compris à travers la chanson suivante captée par Mfundu Jean :

<table>
<tr><td>

1. Luzimpangi do nwiza kwa Mvuluzi
Kadi weti kunu vingila
Ye masumu meno lusisa
Mpasi vo lua baka mpuluzu

Refrain
Nuiza kwa Mvuluzi
Yisu klisto weti vingila
Muna salu kieno kilua vewa
Mpasi vo lua baka mpuluzu

2. Lu matoko ye zindumba lukubama
Muna sadilanga Mvuluzi
Kadi ntangu a mfundusu yilueki
Kavena mosi wuna siswako.

3. E ngeye nlongi kaya meso
Muna sadilanga Mvuluzi
Kadi Mfumu a kiawu wuna kwiza
Aweyi siwa vutula.

4. E ngeye mbeni toma banza
Mu mawanso ma uvanganga
Kwena Nzambi ye kwena bantu mpe
Se yindulavo mu mpasi wena.

</td><td>

1. Bien aimés venez au près du sauveur
car il est à votre attente
Débarrassez-vous de tous vos péchés
pour que vous obteniez le salut

Refrain
Venez au près du sauveur
Jésus Christ est à votre attente
Pour la mission qu'il vous a confiée
Afin que vous obteniez le salut

Garçons et filles apprêtez-vous
Pour servir le sauveur
Car le temps du jugement est proche
Aucune personne ne sera épargnée.

A toi l'évangéliste soit vigilant
Pour servir le sauveur
Car le propriétaire arrive
Quelle sera ta réponse

Toi Satan tu devras le savoir
Pour tout le mal que tu commets
Devant Dieu et devant les hommes
Tu seras condamné à perpétuité

</td></tr>
</table>

Venez à moi, vous tous qui êtes fatigués et chargés, et je vous donnerais du repos (Matthieu 11 :28). A travers cette invitation chantée, le Seigneur appelait en lui ceux qui étaient fatigués de la vie, chargés de fardeau insupportable car il désire faire pénétrer en eux la confiance et la sérénité. Dieu souhaite que tout le monde soit sauvé et parvienne à la connaissance de la vérité (I Timothée 2 :4-6). Alors l'homme doit abandonner ses péchés et se repentir afin d'être appelé enfant de Dieu pour se mettre à son travail. Il y a un jour qui nous attend où l'on va nous demander ce que nous avons fait pour l'éternel durant le parcours de notre vie ici sur terre.

Lorsque les appelés arrivèrent à Nkamba, ils y trouvèrent leur frère de race entrain de prêcher le grand et glorieux évangile de Jésus-Christ. Ils trouvèrent un Simon Kimbangu parlant à la foule qui était étonnée par son message. Son enseignement avait une telle puissance que les gens affluaient de partout pour l'écouter. Personne n'a jamais alors prononcé dans les contrées des discours aussi bouleversants au sujet de Jésus-Christ, des mots vrais et forts. Les termes de ses prédications étaient surtout un puissant témoignage sur Jésus-Christ, le Messie. Bible en mains, il demandait aux gens d'avoir une vie morale strictement chrétienne et réglée en mettant en application les commandements de Dieu, en particulier celui de l'amour.

« Renoncer à la violence, à la polygamie, à la sorcellerie, aux fétiches, aux danses, à l'adultère sous toutes ses formes, au tabac et à l'alcool. Le Christ que le missionnaire nous ont révélé, c'est de lui duquel je reçois ma mission et ma force » disait-il, « vous ne devez plus continuer à le considérer comme le Dieu de l'homme blanc mais bien au contraire comme le fils de Dieu l'Eternel ». Cette pensée est résumée par le cantique capté par Jean Mukoko :

1. Kwikila mu Mvuluzi
    Kenubebi ko
    Kwikila mu Mvuluzi
    Yandi i nzila i nsendo mpe
 	
    Refrain
    Nukubameno kwa yisu bakundi
    Nwiza kwa yisu
    Yisu i Mvuluzi
    Yandi i **Nkazi** kunuyonzeka
    Kana mosi kavilako
 	
2. Bunda vuvu mu Mvuluzi
    Kenubebiko
    Bunda vuvu mu Mvuluzi
    Yandi i nzila i nsendo mpe
 	
3. Tatamana mu Mvuluzi
    kenubebi ko
    tatamana mu sambila
    yandi i nzila i nsendo mpe
	1. Croyez au sauveur
	    Ne vous en écartez pas
	    Croyez au sauveur
	    Celui le vrai chemin du salut
	
	    Refrain
	    Apprêtez-vous pour Jésus mes frères
	    Venez auprès de Jésus
	    Jésus est le sauveur
	    Celui l'**oncle** qui vous rassemblera
	    Pour que personne ne se perde
	
	2. Mettez tout votre espoir au sauveur
	    Ne vous en écartez pas
	    Mettez tout votre espoir au sauveur
	    Celui le vrai chemin du salut
	
	3. Soyez ferme devant le seigneur
	    Ne vous en écartez pas
	    Soyez ferme dans la prière
	    Celui le vrai chemin du salut

Il est important de relever le sens du mot « **NKAZI** » tel qu'il est utilisé dans ce cantique en corrélation avec la tradition du peuple kongo, environnement socio culturel dans le quel fut capté ce cantique.

Le peuple Kongo est de tradition matrilinéaire c'est-à-dire, les enfants appartiennent à la famille de la Mère. A cet effet, le Ngudi a nkazi (en sigle Ngu'ankazi ou encore Nkazi) qui est le grand ou le petit frère de la mère, en d'autres termes l'oncle maternel, joue un rôle très important dans la famille. Le Nkazi (oncle) est le Mfumu a Kanda (chef de famille) à ce titre il a sous son autorité les bana ba nkazi (les enfants de ses sœurs) qui sont du reste sa vraie famille. Le Nkazi (oncle) détient le pouvoir de la parole sur les bana ba Nkazi (ses neveux et nièces), il peut appeler sur eux la malédiction tout comme la bénédiction. Il est aussi leur protecteur, leur rassembleur, leur guide. Le Ngu'ankazi à préséance sur les enfants de ses sœurs, il préside et coordonne les activités de la famille lors des événements heureux ou malheureux tels que : mariage, décès, palabre…

Dans ce cantique l'expression « Nkazi » fait comprendre aux africains la place qu'aura désormais Jésus-Christ dans leur vie, dès l'instant où ils l'auront accepté comme seigneur et sauveur. En effet, tenant compte des merveilles divines dont ils sont de témoins oculaires à Nkamba, les africains devront considérer Jésus-Christ non plus comme le Dieu de l'homme blanc, de colon, de l'oppresseur. Bien au contraire il est leur sauveur et rédempteur, mieux encore leur « Nkazi » sur qui il faudra désormais compter quels que soient les problèmes et les circonstances. Il est donc leur rassembleur.

Papa Simon Kimbangu a enseigné l'évangile et la personne de Jésus-Christ aux africains avec les mots et tournures propres et compréhensibles. Ceci est noté dans plusieurs chansons captées en 1921. Parmi tant d'autres, nous retenons les expressions suivantes :

YISU I NKUNDI ITOMBANGA (Jésus est l'ami que j'ai tant cherché)
YISU I NTU (Jésus est la tête)
YISU I VANGI YA MOYO (Jésus est le pourvoyeur de la vie)
Nzambi i s'eto, YISU I MPANGI ETO (Dieu est notre père mais Jésus est notre frère)
YISU I MVULUZI A BABO (Jésus est le sauveur universel)
YISU I NTINU A MPA (Jésus est le nouveau roi)

Toutes ses expression produisaient un grand effet au près des auditeurs pour montrer la double nature de Jésus-Christ (réellement homme et réellement Dieu). De telle manière de prêcher le Christianisme dans la mentalité et culture africaines a eu comme conséquence la conversion massive de près ou de loin de multitude d'âmes.

Ainsi, vu ce qui précède, Papa Simon Kimbangu africanise, ou mieux, négrifie l'évangile de Jésus-Christ. C'est-à-dire, il prêche Christ aux africains avec les mots et tournures propres et compréhensibles aux africains. Désormais pour les africains l'évangile est bien leur affaire. Notons que ce n'était pas le fondement du Christianisme qui avait changé mais plutôt sa perception.

L'autorité coloniale étonnée de déplacement de masse vers Nkamba car l'on comptait une affaire de mille personnes par jour selon certaines sources, et, en complicité avec les missionnaires, est venu arrêter Papa Simon Kimbangu et disperser la foule qui était à Nkamba en date du 6 juin 1921. C'est ainsi que ce dernier et ses collaborateurs opérèrent en clandestinité à Mbanza Nsanda toujours dans le Kongo-Centrale. Chemin faisant, il continua son ministère de prédication et de guérison, de village en village.

Le 12 septembre 1921, le jour de son anniversaire de naissance, il revint à Nkamba pour annoncer son arrestation car, disait-il que son heure est venue de se livrer aux autorités, parole semblable à celle du Christ pour montrer qu'il n'agissait pas selon sa propre volonté, mais selon la volonté de Dieu. Il recommanda à la foule de ne pas recourir à la violence. Mais avant de se livrer, il s'isola pour prier et capta lui-même ce cantique :

1. O Nzambi i nzengi a nkanu
   Muna wantu a nsiona
   Ndion'odilanga I kekonka
   O Nzambi I nzodi a sukami

2. Kuiza ke kuiza ova nza
   Kwa ndiona una yo mpasi
   Muna wau kadidila
   Oku nyandalang'akampe

3. O Nzambi I nzodi a nsiona
   O yanda langa mosi vana bena
   O mvual'ayisu yatololua
   Kansi wa vumbul'akayo

4. Kana vo wantu bekangua
   Kansi Nzambi kekangua ko
   Kadi Nzambi wasengoka
   Kwa yeto wantu ambi

1. Dieu fera justice
   Pour les hommes abandonnés
   Il console celui qui pleure
   Oui, Dieu aime les malheureux

2. Il viendra certes au monde
   Pour celui qui est dans la misère
   Partant de ses lamentations
   Il vient toujours à la rescousse

3. Dieu aime les orphelins
   Il vient toujours à travers une personne
   Quand bien même Christ était crucifié
   Il était bel et bien ressuscité

4. Même si les hommes sont arrêtés
   Mais Dieu ne peut jamais être arrêté
   Car Dieu s'est révélé…
   A nous, hommes pécheurs

Ce cantique a cherché à prévenir les gens qui ont reçu l'appel du Christ que le temps de persécution était venu. Mais que leur cœur ne se trouble pas car Dieu porte son regard sur celui qui souffre et qui a l'esprit abattu, sur celui qui craint sa parole quelles qu'en soient les conséquences (Esaie 66 :2)

Faisons remarquer que deux jours avant cet événement, pendant qu'il était encore à Mbanza Nsanda, Papa Simon Kimbangu expliqua que : « avec mon arrestation commencera une période d'indicibles persécutions pour moi-même et pour un très grand nombre de personnes. Il faudra tenir ferme car le seigneur ne nous abandonnera jamais. Il n'a jamais abandonné quiconque se confie en lui. Les autorités vont imposer à ma personne physique un très long silence, mais elles ne parviendront jamais à détruire l'œuvre que j'ai accomplie car elle vient de Dieu. Je ne vous laisse rien d'autre que la Bible. Lisez-là fréquemment et en toutes circonstances de temps et de lieu, mettez en pratique sans défaillance les commandements de Dieu. Le moment viendra où toutes nos épreuves ne seront plus. Quand ce moment sera venu, nous glorifierons sans crainte ni brimade le nom de Jésus-Christ, rejoints par des enfants de Dieu venus du monde entier. Aujourd'hui, nous sommes encore persécutés, poursuivit-il, mais au temps fixé par le Seigneur, les Blancs deviendront des Noirs et les Noirs des Blancs... »[19]

Les Kimbanguistes connurent une dure répression. Des dizaines de milliers furent arrêtés, déportés par le simple fait de prononcer le nom de Simon Kimbangu voir même de chanter une chanson kimbanguiste. L'on assistait à des spectacles poignants qui devenaient en quelque sorte le lot quotidien des kimbanguistes. Très souvent l'on voyait des hommes et des femmes, petits et grands les mains nouées derrière le dos, une lourde chaine au coup, le corps à moitié nu, ils marchaient à la queue leu leu, tête bien haute, ils entonnèrent ce cantique :

Kana vo tukangama Kangama, ke tuna ye wonga ko	Même s'il s'agit d'être arrêté Nous le serons, nous n'avons pas peur
Kana vo tusevuanga sevuanga, ke tuna ye wonga ko	Même si nous serons humiliés Nous le serons, nous n'avons pas peur
kana vo tuzubuanga zubuanga, ke tuna ye wonga ko	Même si nous serons frappés, persécutés Nous le serons, nous n'avons aucune peur
Tata simon I mviti a ntu Mviti antu ke tuna yewonga ko	Papa Simon est notre porte étendard Porte étendard, nous n'avons pas peur

Les Kimbanguistes n'ignoraient pas que les moqueurs les maudiront, les méchants les frapperont, mais le seigneur les gardera et tiendra leur couronne. Ils savaient également qu'à présent qu'ils connaissaient leur libérateur celui portant ferme son bâton sacré qui est Papa Simon Kimbangu, et entant que soldat de la victoire, que pourrai l'adversaire contre eux ? En ce

---

[19] DIANGIENDA (J), op, cit. p82

pénible moment, ce cantique produisait sur eux un effet analgésique contre le traitement inhumain dont ils étaient victimes.

Chose étonnante, malgré l'arrestation de Papa Simon Kimbangu, la foule ne l'a pas abandonné, plusieurs personnes ont accepté d'être arrêtées avec lui. Aujourd'hui 37000 familles représentent le nombre de personnes arrêtées et persécutées au nom de Papa Simon Kimbangu. Pour mettre fin à ce mouvement du Kimbanguisme, l'autorité a trouvé bon de les éparpiller en dehors de leur village natal en relégation dans d'autres provinces. Mais quelle a été leur réaction ? Celle-ci est exprimée à travers la chanson captée par Mbaki André l'un de disciple qu'avait Papa Simon Kimbangu :

1. E kumbu a Yisu mbonga yasamuna Mu konso fulu yanatayo	1. Je prends le nom de Jésus pour le proclamer Je le porterai partout
Refrain Samuna samuna E nkumbu a Mvuluzi Ya samuna	**Refrain** Je proclamerai, je proclamerai C'est le nom du Sauveur que je proclamerai
2. Wau tua tumua tuasal'owau Mu konso mpasi tuazizila	2. Faisons comme on nous les a envoyé même dans la souffrance, soyons patient
3.Vo fukunkutu tuasal'aka Kwa wantu a wonso tulonganga	3.Même dans l'obscurité, travaillons toujours Prêchons à tout le monde
4.Vola asumuki beza kwa se Kekubatina ko bezak'owau	4. Convertissons les pécheurs vers le Père Qu'il ne se gare plus, qu'il vienne

Les relégués kimbanguistes n'ont pas croisé les bras pour le fait d'être arrêtés, ce merveilleux cantique fut un véritable hymne à l'évangélisation partout où ils se trouvaient. C'était un engagement solennel qu'il s'agissait, bien qu'ayant subi des mauvais traitements. Cette déportation était pour eux une façon d'expansion de l'enseignement de Papa Simon Kimbangu à travers toute la République. Malgré les difficultés, ils continuèrent d'enseigner le nom glorieux de Seigneur Jésus-Christ. C'est ainsi que le kimbanguisme s'est répandu sur toute l'étendue de la République. L'autorité qui croyait étouffer le ministère de Papa Simon Kimbangu a permis au contraire son expansion.

Le kimbanguisme se propage en clandestinité dans les villages, coins et recoins de la République. Mais ceux qui sont restés à Nkamba continuèrent en secret à se rassembler pour prier Jésus-Christ sous la direction de la femme de Papa Simon Kimbangu, pendant que ce dernier est condamné à perpétuité à la prison de Lubumbashi. Bien qu'enfermé, les gens continuèrent à voir Kimbangu prêcher dans des différents villages. Maintenant, ils commencèrent à s'étonner sur sa personne. Qui est ce Simon Kimbangu qui nous a prêché l'enseignement du Christ tout en opérant de tels miracles ? Et qu'à travers ses œuvres les gens ont commencé à entendre les anges chanter et à capter des chansons ? comment se fait-il qu'en étant arrêté et présent physiquement en prison, se fait voir de village en village dans son corps physique ? Son identité n'était pas longtemps cachée pour être révélée à travers les chansons dont nous sélectionnons la suivante :

Voici la sainte trinité
Dieu le Père, Dieu le Fils et Dieu le Saint Esprit
Dans la trinité, il y a un secret
Que le monde ne peut jamais comprendre

Refrain :
Le Dieu de nos aïeux Nzambi a Mpungu
C'est lui, c'est lui, le vrai Dieu
Kimbangu le Saint Esprit
Kimbangu le consolateur
Kimbangu le libérateur
Du peuple opprimé de Dieu
C'est lui, c'est lui le vrai Dieu
Car en lui nous avons la trinité.

Après avoir fait le travail qui lui avait était confié, celui de révéler la personne, la gloire et l'enseignement de Jésus-Christ, Dieu commença maintenant à éclairer les gens sur la personne de Papa Simon Kimbangu en disant que c'est lui le vrai Dieu, car en lui la notion de la trinité était comprise. Il est le consolateur et le libérateur de peuple opprimé de Dieu, le Saint Esprit. C'est comme ça que les kimbanguistes ont commencé à prier et à tout faire au nom du Père, du Fils et du Saint-Esprit comme Jésus-Christ l'avait souhaité (Matthieu 28 :19-20). Et, c'est la naissance d'une nouvelle religion au monde le « Kimbanguisme » avec comme dénomination « Eglise de Jésus-Christ sur la terre par son envoyé spécial Papa Simon Kimbangu, en sigle E.J.C.S.K » qui a comme fondement :

1. La Bible, considérée comme la parole de Dieu, qui nous montre le chemin du Salut ;
2. Les chansons, qui ne sont ni créées, ni fabriquées mais captées du ciel qui annoncent les événements et étayent les enseignements bibliques tout en relevant d'autres choses cachées ;
3. La parole de Magistère, qui est constituée des prédications, des prophéties ou bref, de l'enseignement de Papa Simon Kimbangu avec ses différents successeurs qui ne sont tout autre que son incarnation.

Voilà comment Papa Simon Kimbangu a réussi à convaincre l'homme noir en général et les peuples congolais en particulier au sujet de Dieu, de Jésus-Christ et du Saint-Esprit. Notons que la divinité de Papa Simon Kimbangu n'a pas été décidée par des gens, et ce n'est pas seulement à cause de ses œuvres ou de son enseignement que les gens lui ont attribué ce caractère divin. Mais c'est aussi et surtout parce que ceci est une révélation et non une attribution des hommes ou une auto proclamation. Ce n'est pas par la chaire que Simon a dit que Jésus-Christ était le Messie. C'était une révélation confirmée par les œuvres. C'est aussi le même cas pour Papa Simon Kimbangu. Sa divinité a été premièrement révélée et ensuite confirmée par des œuvres que nous communiquons par la suite.

Section 3 : les œuvres de Papa Simon Kimbangu

« Protège-les, prêche-les pour qu'ils se réjouissent, aide-les, guéri-les au non de Jésus-Christ, délivre les dans l'emprise du Satan, conduis-les jusqu'à la terre promise et construit la dernière église sur terre. » étaient là les obligations qu'avait reçues Papa Simon Kimbangu auprès de Jésus-Christ. Nous avons déjà expliqué beaucoup sur sa personne. Alors en ce qui concerne ses œuvres, nous ne pouvons tout relater Parce que bien qu'étant né, grandi et vécu sur terre, mort, il continue à produire des effets et à apparaitre où il veut, quand il veut, comme il veut et auprès de qui il veut.

I. De la transformation des matières

Un jour, avec son camarade Kupenda, en train de casser des noix de palme, une noix avariée que venait de casser Papa Simon Kimbangu tâcha la chemise blanche que portait son ami qui, manifestement était mécontent. Et, pour l'apaiser, il appuya sa main sur la tâche, elle disparut et la pâte de l'amande pourrie fut transformée en une amende succulente. Et il ajouta : voilà comment Dieu transforme les hommes mauvais en bons pour les mettre à son service.[20]

Une autre fois, Kumpenda, Buka, Tuvumana et Mpukuta jouaient avec un fruit appelé « mbuma kienga » que chacun à tour de rôle, lançait perpendiculairement pour voir qui allait le lancer le plus haut possible. Quand ce fut le tour de Tuvumana, à la descente, le fruit tomba sur la tête de Buka, le Fils de Maman Kinzembo tante maternelle de Papa Simon Kimbangu qui l'a élevé après la mort de sa mère. Enervé par ce choc, Buka se mit à pleurer à haute voix. Ayant entendu pleurer son cousin, Papa Kimbangu vint à sa rescousse. Et, après

---

[20] NZAKIMWENA (M), Identité et mission de Papa Simon Kimbangu, Actes de la Conférence Internationale sur Simon Kimbangu du 12 au 15 février 2006 à Kinshasa, éd Kimbanguiste – France 2007, p67

avoir écouté les explications sur la manière dont les faits s'étaient déroulés, à son tour, Papa Kimbangu prit ce fruit, le lançant en l'air. Et, à la grande stupéfaction de tous, le fruit se transforma à un oiseau qui vola pour disparaitre dans la nature.[21]

Ainsi, enfant déjà, il a montré qu'il avait la maitrise sur la nature et les choses ; il détenait la science et la connaissance. Omniscient, il transformait tout par la parole et les gestes. Il avait l'emprise sur tout sans support matériel.

Ajoutons encore ce qui s'est passé à Mbanza-Ngungu après son arrestation. En effet, avant de procéder à son jugement, l'homme blanc a tenté l'éliminer. Comme il était fatigué, on vient lui donner à manger un Pigeon bien préparé mais empoisonné. En ouvrant l'assiette il prononça cette parole : « *Pigeon, toi tu n'as pas de problème, vas t'en* ». Et, à la grande surprise, le pigeon, bien préparé avec la tête coupé, reprend sa forme vivante et s'envola. L'homme blanc se fâcha et lui demanda si il a de l'argent pour construire une église (car il s'avait qu'il avait déjà le pouvoir. C'est ainsi qu'il ne lui avait pas demandé s'il en avait, car c'est vraiment le pouvoir divin qui est le fondement d'une église). Et celui-ci répondra : « *mon argent c'est mes hommes qui croient en moi* ».

I. les guérisons phares

Le ministère de Papa Simon Kimbangu était marqué par des actes de puissance qui sont entre autre : la résurrection de morts, le fait de faire marcher les paralytiques, de redonner la vue aux aveugles et de faire parler le muet. Les gens qui avaient la foi étaient simplement guéris par le nom du seigneur Jésus-Christ. Alors dans tout ceci, voici ce que nous avons trouvé de plus remarquables.

---

[21] NZAKIMWENA (M) Op.cit, p68

Un certain jour, on amena le cadavre d'une jeune fille de quinze ans au nom de Dina auprès de Papa Simon Kimbangu, le père de la jeune fille voulait, peu importe le prix, voire d'abord Papa Simon Kimbangu avant d'enterrer sa fille, ils ont fait trois jours en chemin pour arriver à Nkamba où était Papa Simon Kimbangu, conséquence, le corps de la jeune fille commencé déjà à présenter des indices de décomposition. Arrivé auprès de Papa Simon Kimbangu qui demanda au père quelle était sa volonté de vouloir garder un cadavre pendant trois jours. Le père lui répondit : « *si nous ne voulons pas que notre fille ressuscite, nous ne nous trouverons pas ici.* » vu le degré manifeste de sa foi, Papa Simon Kimbangu prit la main de la jeune fille et s'écria : « Dina, au nom du seigneur Jésus-Christ, ressuscite. » Dina ouvrit les yeux et se leva aussitôt. Une véritable explosion de joie s'ensuivit car il était étonnant de voir un cadavre qui commençait déjà à se décomposer revenir encore à la vie.

La renommée de Papa Simon Kimbangu, qui se répandit comme une traînée de poudre, eut pour conséquence immédiate un gigantesque mouvement des populations vers Nkamba. Les uns s'y rendaient pour l'entendre et recevoir de lui la bénédiction, les autres pour obtenir la guérison. Quant aux cadavres qu'on y transportait de plus en plus nombreux, presque tous ressuscitaient à l'exception de quelques rares cas. Les populations qui affluaient à Nkamba provenaient pratiquement de l'ensemble du Congo belge (Kinshasa) d'abord, mais aussi du Congo français (Brazzaville) et du nord de l'Angola. Il y avait une moyenne journalière de près de dix mille personnes à se rendre à Nkamba[22] ce mouvement était si gigantesque que des trains supplémentaires furent mis en ligne.

Un autre cas s'est passé en prison, pendant qu'il purgeait sa peine à Lubumbashi, il continuait à faire les œuvres du Seigneur. En effet, il y avait

---

[22]Tshimbakaye : Bulletin du cercle colonial luxembourgeois, juin 1953. « Kimbangu organisait des meetings monstres où il y avait jusqu'à dix mille auditaires. » cité par Joseph Diangienda dans l'histoire du Kimbanguime, op.cit, p34

dans la prison un jeune homme au nom de Akuangoma qui avait perdu sa vue, depuis quatre ans il est placé en détention malgré sa cécité. Un jour vers les après-midi, il demanda à Papa Simon Kimbangu de le guérir par pitié. Ce dernier lui demanda si cela serait possible et il répondra oui car il a foi en lui. Papa Simon Kimbangu jeta de salive dans ses mains et les mis sur ses yeux et il était guéri.

Certaines personnes qui ont obtenu la guérison auprès de Papa Simon Kimbangu sont encore vivantes. Il n'y avait rien devant lui qui était impossible pour ceux qui avaient la foi d'obtenir quelque chose auprès de lui.

II.   De l'immortalité

Tout homme est mortel. Parler de l'immortalité d'un homme peut paraître difficile pour la compréhension. Même Jésus-Christ n'était pas immortel dans le vrai sens du terme car il était d'abord mort, tué par le gens et apparu par la suite et seulement à ses disciples après trois jours depuis sa mort. C'est parce que c'était de cette manière qu'était organisée sa mission. Pour Papa Simon Kimbangu, l'histoire est un peu différente car l'homme blanc a voulu mettre fin à sa vie depuis 1921, par divers procédés : empoisonnement, fusillade… il a tout tenté mais Kimbangu refusait de mourir. Mais qu'est-ce qui nous pousse vraiment à parler de son immortalité ?

Après la condamnation de Papa Simon Kimbangu, et malgré que le Roi Albert a commué la peine de mort à la servitude pénale à perpétuité, l'homme blanc a voulu toujours mettre fin à sa personne. C'est ainsi qu'on mettra Papa Simon Kimbangu dans un tonneau plein d'acide, l'on souda et l'on jeta au fleuve à Lutendele (vers Mbudi dans la commune de Mont Ngafula à Kinshasa) après avoir raté son assassinat par balle. Pendant que ceux qui étaient chargés de l'affaire buvaient pour célébrer sa mort, subitement ils verront Papa Simon Kimbangu en train de se laver dans le fleuve. Et pendant qu'ils s'étonnaient, Papa Simon Kimbangu s'est mis à marcher sur le fleuve en direction de Brazzaville. Ils l'ont imploré de revenir et, par pitié, comme disaient-ils qu'ils seront tués s'il partait, il s'est remis en leur main.

En date du 3/12/1921, après son jugement et sa condamnation, Papa Simon Kimbangu devait être acheminé par train jusqu'à Lubumbashi. Avant de partir, il exigea une dernière rencontre avec sa famille, l'homme blanc refusa, conséquence le train ne démarrait pas jusqu'à ce qu'on lui accorda cette faveur. C'est ainsi qu'il dira à son fils cadet Papa Joseph Diangienda, alors qu'il avait encore trois ans d'âge que : « *je pars pour ne plus revenir, lors que je mourrai, je ne serai pas à l'endroit qu'on va me mettre après ma mort. Mais tu dois faire revenir mon corps et venir me chercher. Et si tu trouves mon corps et que tu le ramènes à Nkamba c'est le bonheur de l'homme noir.* » À cet effet, il lui donna cinq conditions pour réussir à cette missions qu'on ne saura énumérer.

Après la reconnaissance officielle du mouvement Kimbanguiste comme étant une église le 24/12/1959 par le Gouvernement colonial Belge, Papa Joseph Diangienda initia les démarches pour aller exhumer le corps de Son père Kimbangu à Lubumbashi mais il connaitra beaucoup de complications. Et, pendant qu'il priait, son père Simon Kimbangu lui dira de se faire d'abord baptiser en Kimbanguiste parce que jusque-là il ne l'était pas. C'est ainsi que lui et son frère ainé étaient baptisés SEKOKI[23] au mois de février 1960 par Papa Thomas LUKOMBO et Papa WANZUNGASA. Le chemin s'ouvre quelques jours plus tard, et il alla exhumer son père accompagné par le membre du Gouvernement belge le 25/3/1960. Chose étonnante, neuf ans après, depuis son enterrement, ils trouvèrent le corps de Papa Simon Kimbangu intact, avec les cheveux et ongles poussés, un œil ouvert et l'autre fermé et il transpiré, les blancs, les membres du gouvernement belge et la presse étaient tous présents.

---

[23] SEKOKI signifie « reconverti » c'est l'état d'une personne qui, ayant été baptisé dans une autre religion, cherche à avoir le baptême kimbanguiste.

C'était une catastrophe surtout pour l'homme blanc. Conséquence, la République Démocratique du Congo obtient son indépendance le 30 juin 1960. Plus d'oppression de l'homme blanc comme le souhaité Papa Kimbangu.

Peut-on vraiment dire aujourd'hui que Papa Simon Kimbangu est mort ? c'est depuis le 03 avril 1960 que son corps arriva dans la cité sainte de Nkamba, corps mis dans le mausolée appelée « KINLONGO » l'endroit sacré où tout le monde, noir ou blanc, croyant ou païen, kimbanguiste, catholique, protestant, politicien vient prier et obtient la réponse à leur demande.

Le jour de l'exhumation du corps de Papa Simon Kimbangu enterré neuf ans passé.
(Toutes nos excuses sur la qualité des images capturées d'une vidéo datée de 1960)

III. De l'inspiration

Dans le souci de donner aux Africains la possibilité d'écrire en n'importe quelle langue d'Afrique dont la graphie occidentale reproduit les sons non sans peine, est née une graphie spéciale correspondant à nos systèmes linguistiques.[24]

---

[24]Wabeladio (D), Mandombe, écriture negro-africaine, manuel d'apprentissage à l'usage des apprenants, éd. CENA, Kinshasa 1996, p5

C'était en 1978, suite à des multiples visions que Wabeladio Payi David, âgé de 21 ans, originaire de Ngombe-Lutete a reçu l'ordre de Papa Simon Kimbangu qui ne cessait de lui demander d'aller à Nkamba pour s'y purifier dans la source sacrée. Ceci pour une mission en faveur de la race noire disait-il. Dans le chemin pour Nkamba il vécut beaucoup de miracles. Lorsqu'il rentra, il s'enferma dans sa chambre et commença à découvrir quelque chose de fondamentale cachée à travers les briques qui composent son mur de la chambre.

Il remarqua aussitôt que le mur est composé de deux chiffres et que les lignes formées par la superposition des briques ne sont qu'une combinaison de deux éléments qui ont la forme des chiffres cinq (5) qu'il appela PAKUNDUNGU et Deux (2) qu'il appela PELEKETE. Et ces deux éléments sont symétriques par rapport au principe de miroir.

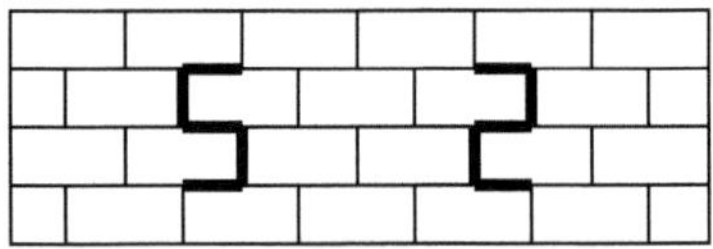

Sur base de ces deux éléments (PAKUNDUNGU et PELEKETE) est née une nouvelle écriture négro-africaine qu'il appellera MANDOMBE qui veut dire littéralement « noir » ou « pour les noirs », « à la manière des noirs ».

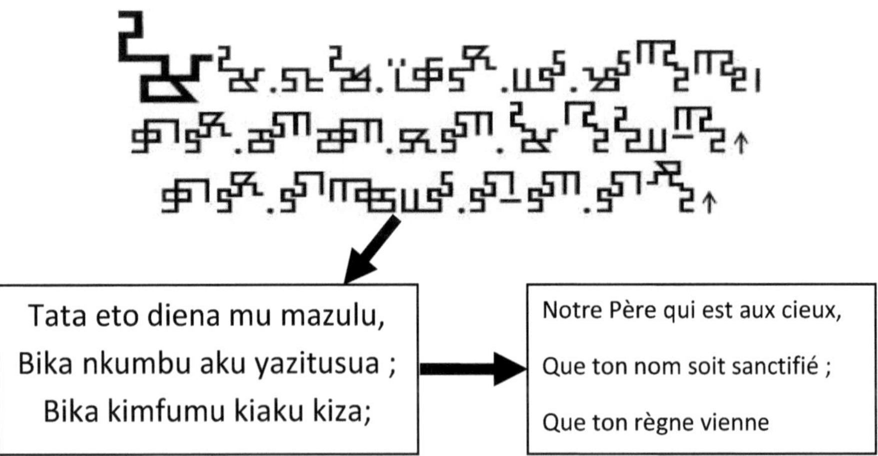

L'écriture négro-africaine est composée des Mvuala (consonnes) et des Bisimba (voyelles) pour former les Mazita (syllabes) dont la graphie caractérisée par les angles, s'applique aux langues négro-africaines par une orthographie simple reproduisant les phonèmes émis par le sujet qui parle. Les langues négro-africaines étant monosyllabiques, l'écriture s'apprête à une graphie syllabique.[25] L'apprentissage de cette écriture permet de développer l'intelligence et le jugement par des exercices de variation et de progression des syllabes qu'elle engendre selon le principe de miroir et de l'optique. Par cette écriture nous entrerons en contact avec les nouveaux schèmes de pensée de la culture négro-africaine qui sera un des éléments fondamentaux de notre identité.

Depuis lors, Wabeladio Payi David mène une vie de conférencier et hante universités et autres milieux scientifiques du pays d'Afrique et de l'Europe pour présenter l'écriture MANDOMBE, jugé comme étant, par ce dernier, une écriture très riche. Conséquence, il sera élevé au rang de professeur honoris causa en date 21 décembre 2011.

David Wabeladio Payi
Inventeur de l'écriture négro-africain

Papa Simon Kimbangu à donner aux africains un élément puissant pouvant cimenter leur identité culturelle l'écriture MANDOMBE, car un peuple doit avoir une culture, une langue et une écriture sans cela, il resterait sans identité et toujours sous-développé.

---

[25]Wabeladio (d), op.cit p5

IV. De la puissance

En effet, comme la foule ne cessait de croitre en nombre à Nkamba lorsque Papa Simon Kimbangu commença son ministère, il pria le Seigneur de lui choisir des collaborateurs sacerdotaux comme ils s'étaient convenus.

Le samedi 7 mai 1921, après avoir fait ses prières, tout d'un coup, le Saint-Esprit, comme ce fut le cas pour les apôtres du Christ à Jérusalem, descendit sur bon nombre de personnes. Le Christ avertit cependant Papa Simon Kimbangu que seule une poignée de gens avaient reçu l'Esprit de Dieu. Il devait soumettre toutes ces personnes à une épreuve pour déterminer la nature de l'esprit qui se manifestait en chacune d'elles. La descente du Saint-Esprit avait créé dans la foule une véritable effervescence[26]. Après l'épreuve donnée, seuls Pierre Ndangi, Jean Mukoko, Thérèse Mbonga, Michael Mandombe et André Mbaki ont pu être choisi par Papa Simon Kimbangu et devinrent ses collaborateurs sacerdotaux en priant pour les autres et en les guérissant de différente maladie.

Le 6 juin 1921, l'autorité décida d'envahir la cité sainte de Nkamba pour arrêter Papa Simon Kimbangu et disperser la foule. Papa Simon Kimbangu quitta la foule pour rejoindre les quatre sacrificateurs restés à côté d'un safoutier. Il se plaça au milieu d'eux, et formèrent tous une rangée. Monsieur Morel et ses vingt-quatre soldats apparurent à Nkamba. Ils vinrent par le même itinéraire jusqu'au safoutier. Il ordonna aux soldats de tirer à balles réelles. A leur grande surprise, aucune détonation ne se fit entendre. Comme les armes ne crépitèrent pas, Morel ordonna, cette fois-là, l'arrestation de tout le monde. Les soldats commencèrent par Papa Simon Kimbangu et ses quatre sacrificateurs. Ils furent ligotés et jetés par terre. Un des soldats tenait brutalement Papa Simon Kimbangu à la gorge. Le même soldat demanda un bâillon-net pour percer le cote de Papa Simon Kimbangu. Aussitôt, un ange sortit du safoutier, pour

[26] DIANGIENDA (K), op.cit, p40

contrecarrer la mauvaise intention du soldat, le gifla et le soldat fut projeté très loin du lieu de l'incident. L'ange délia Papa Simon Kimbangu et il se mit debout. Après cet événement les soldats eurent peur de s'approcher de Papa Simon Kimbangu et il regagna sa maison. Morel ordonna aux soldats d'assiéger la maison. Quand la porte fut défoncée par les soldats, la maison était vide et Papa Simon Kimbangu disparut.[27]

Un autre cas s'est produit en date du 1 octobre 1921 pendant son jugement. En effet, le Juge Derossi le tourmentait avec des questions inutiles, Papa Kimbangu se fâcha par la suite et commença à trembler. C'est ainsi qu'il dira alors à voix haute : « *cessez de me tourmenter* ». Sa voix a fait trembler toute la maison dans laquelle siégeait le tribunal (Conseil de Guerre de Thysville) provoquant par la suite une fente sur le mur, en faisant tomber l'effigie du roi Albert. L'audience était suspendue pour n'être reprise qu'après son examen médical.

La maison où siégeait le conseil de guerre de thysville pour le jugement de Papa Simon Kimbangu avec la fente provoquée par sa voix

---

[27] LELO (C) : Les témoignages sur le kimbanguisme, édition kimbanguiste 2016, p70

Le jour suivant, sa femme qui était aussi arrêtée, fera une forte fièvre provoquée par un gros furoncle qui s'était développé sous son aisselle gauche, pendant qu'elle était enfermée dans sa cellule de la prison des femmes. On appela un médecin pour la soigner, celui-ci refusa sous prétexte que son mari le prétendu faiseur de miracle puisse la guérir. Après quelque minutes il eut de remords et revint pour la soigner et subitement le furoncle était disparu, Maman Muilu la femme de Papa Simon Kimbangu lui dira que le prétendu faiseur de miracle qu'était son mari, au moment où il était enfermé aussi dans une autre cellule, est venu la soigner en traversant le mur. Fait confirmé par les policiers qui avait vu Kimbangu lorsqu'il était apparu pour la guérir pendant que la cellule était hermétiquement fermée.

Maman Muilu Kiawangana Nzitani Marie
Epouse de Papa Simon Kimbangu avec son fils cadet Papa Diangienda

A cause de son grand amour pour les autres, quand il était en prison à Lubumbashi, Papa Simon Kimbangu cuisinait. C'est lui qui bénissait le repas des prisonniers. Ainsi, même quand le mets était en petite quantité, par sa prière, il arrivait à suffire à tous les prisonniers et les rassasier. Mais il faut aussi dire que l'autorité pénitentiaire faisait des économies substantielles en nourriture grâce à lui et à ce miracle de « *la multiplication des pains et des poissons* »[28]

---

[28] NZAKIMWENA (M), op.cit, p71

V.   Des apparitions

Pendant qu'il se trouvait en prison à Lubumbanshi, l'autorité coloniale était surprise d'entendre que Papa Simon Kimbangu est apparu à cinq endroits différents au même moment. Notamment à Mbandaka, Boende, Ekafela, Bolafa, Befale, en train de prêcher. Et d'un coup, on vint l'arrêter à ces cinq endroits et pour ne se retrouver enfin qu'avec le seul Kimbangu qui est en prison à Lubumbanshi.

Le 14 octobre 1951, deux jours seulement après sa mort, le commissaire de police sera surpris de voir à son passage un soldat lire la Bible de Papa Simon Kimbangu. Il descend vite de sa moto et confisqua de force la dite Bible. Subitement, il verra ses doigts de la main droite se multiplier pour devenir dix doigts dans une seule main. Pendant qu'il s'intriquait, le soldat disparait miraculeusement avec la Bible et sa main redevient normale. Il alla faire son rapport auprès de ses supérieurs. Et par conséquent, les soldats étaient tous enfermés dans leur camp, pour les fouiller un à un, afin de retrouver la Bible en question. Ceci se déroula pendant quatre jours. Ce seulement, lorsqu'ils ont reçu le télégramme venant de Kinshasa, disant que Papa Simon Kimbangu est apparu à l'hôtel Regina, qu'ils ont laissé les soldats tranquille.

Neuf mois après sa mort, Papa Simon Kimbangu prit la résolution de visiter ses adeptes relégués à Lowa dans le Haut-Congo (ex Province Oriental de la République Démocratique du Congo) en date du 29 juillet 1952, avec un autre visage et sous le nom de Ntumba David. Il resta avec eux pendant huit jours. Mais dès son arrivée, Papa David Kimvilakani l'avait reconnu. Arrivé le 5 août au moment de son départ, il leur dira que *« c'est moi Kimbangu enfant bakongo, j'ai vaincu le monde. Le seigneur Jésus m'a donné les quatre coins du monde. Il y aura un seul royaume, une seule Eglise et une seule langue. Jésus-Christ avait trois visages mais moi j'en ai sept »*. Il leur réconfortant en suite de tenir ferme la mission que Christ leur avait confiée et que le temps de persécution va bientôt prendre fin et ils rentreront tous chez eux. Alors Papa LENGE Raphaël lui exigea de lui faire voir le vrai visage de l'homme Kimbangu qu'il connaissait et il fut ainsi.

Voilà en quelque ligne, et d'une manière brève les œuvres réalisées par Papa Simon Kimbangu. Bien qu'étant un homme, il était omniprésent, omniscient, omnipotent. Jusqu'à présent les gens continuent à le voir dans des rêves, visions et même dans le monde réel. Quelle identité pouvons-nous donner à cet homme de Nkamba ?

Lukuikilu Mandombe Michael, l'un de collaborateurs sacerdotaux de Papa Simon Kimbangu, témoin oculaire de l'apparition de Papa Simon Kimbangu à Lowa en 1952

CHAPITRE IV : L'IMPACT DU ROYAUME ET DU REGNE DE DIEU SUR TERRE

L'éternel notre Dieu a accepté de demeurer sur terre pour sauver ses enfants à lui, étant donné que les écritures ne sauront pas seules nous aider en mieux pour hériter des bonheurs du ciel et de la terre, et surtout que chacun dans son coin du monde les comprend de sa façon. Jésus-Christ est venu d'abord pour éclairer le chemin mais il n'a pas pu tout faire. C'est ainsi qu'il avait promis de nous envoyer un autre pour parachever sa mission. Le Saint-Esprit est venu, il a choisi une famille « le kimbanguiste » pour produire le fruit du royaume de Dieu. Mais ne peut être kimbanguiste que celui qui est sur le chemin tracé par Papa Simon Kimbangu. Car, beaucoup seront appelés mais peu seulement seront élus.

Beaucoup des signes qui marquent l'identité de l'église kimbanguiste sont écrits dans le livre d'Apocalypse de Jean. C'est ainsi que Paul Dilungane établit, dans ses enseignements sur la seconde venue de Jésus-Christ, un parallélisme entre l'église Kimbanguiste et l'église de Philadelphie comme Jean l'avait vu (Apocalypse 3 :7-13) en disant KIMBANGUISTE – PHILADELPHIE car ces deux mots sont composés de douze lettres et ont les mêmes caractéristiques que nous citons quelques-uns :

1. L'inscription significative de nom de Dieu (KIMBANGU), le nom de la ville de Dieu (Nkamba nouvelle Jérusalem) et le nom nouveau de Jésus-Christ (Dialungana) (Apocalypse 3 :12)

2. Ils apprennent un cantique nouveau que personne d'autre ne peut apprendre (Apocalypse 14 :1-3). Le fait de capter les chants qui proviennent directement du ciel est un don réservé uniquement à l'église Kimbanguiste (Philadelphie)

3. La grande foule que personne ne pouvait compter de toute tribu, de toute nation, de tout peuple, et de toute langue qui se tenait devant le trône et devant l'agneau était revêtue de robes blanches, et des palmes dans leurs mains. (Apocalypse 7 :9) la grande foule en vert-blanc concrétise l'église universelle, l'église kimbanguiste dont les fidèles portent toutes et tous l'uniforme aux couleurs VERT-BLANC

La venue de l'envoyé de Dieu nous éclaircit sur tant de matières que nous essayerons d'éclairer quelques-unes seulement par la suite car nous ne pourrions tout énumérer.

Section 1 : la révélation des choses cachées

L'avènement du royaume de Dieu sur terre nous a permis de comprendre certaines valeurs spirituelles qui sont compris dans la Bible et celles que la Bible n'a pas mentionnées ou peut être mentionnés mais d'une façon moins comprise. Parmi cela nous citons :

I.   la répartition de bénédiction des noirs et des blancs

Isaac fils d'Abraham a eu deux fils avec sa femme Rebecca ; Esau et Jacob. Avant sa mort, Isaac a voulu donner la bénédiction à son fils ainé Esau, comme c'était prévu selon le plan de Dieu. Mais ce dernier avait déjà cédé son droit de naisse à son frère à cause de la nourriture. Conséquence Jacob, de qui est sorti l'homme blanc, a volé la bénédiction qui lui avait été réservée. Mais heureusement qu'il n'a pas pu tout avoir. Malgré toutes les réalisations que l'homme blanc continue à faire, il n'a eu qu'un quart de la sagesse, le trois quart est toujours réservé pour l'homme noir. Il faut que ce dernier prenne conscience en se révoltant pour mettre fin au règne de l'oppresseur blanc. (Genèse 27 :38-40)

Papa Diangienda disait souvent que l'homme noir a un vide. Même s'il fait beaucoup d'études et obtient beaucoup de titres, il est toujours incapable parce qu'il ne cherche pas à combler le vide qu'il a, qui est la moindre de chose : « la crainte de Dieu est le commencement de la sagesse »

L'homme noir s'intéresse toujours beaucoup plus au fait d'avoir qu'au fait d'être. C'est ainsi qu'il n'arrive pas à utiliser une grande partie de sa capacité cérébrale et surtout qu'il aime toujours la facilité. Il peut tout sacrifier pour la nourriture, pour l'argent ou pour une femme, il sacrifie même son alliance avec Dieu pour son amour propre égoïste. Il ne cherche même pas à comprendre le « pourquoi » de ses actions. Il ne sait même pas pourquoi il prie, pour quoi il croit à un Jésus qu'il ne connait même pas, pourquoi il étudie, pourquoi il ne veut pas aller à l'école, pourquoi il mange, pourquoi il doit sortir, pourquoi il doit dormir, Pourquoi il doit avoir une relation amoureuse, etc. Pour lui tout se fait automatiquement. C'est ainsi que vous verrez quelqu'un prier mais qui ne change pas ; Chrétien depuis plus de dix ans mais n'arrive pas à prouver l'existence de Dieu ; Une fille de 15 ans devient mère de deux enfants avec un garçon de dix-sept ans qui est sur le pavé ; Quelqu'un prononcer le nom de Jésus dont il ne connait même pas l'histoire.

Nous avons un problème car nous sommes de moine copieur, nous sommes bloqués par l'esprit, Dieu est venu nous réveiller dans notre profond sommeil. Cherchons à combler le vide pour bénéficier du fruit du royaume divin. « Il n'est pire aveugle que celui qui ne veut pas voir » dit-on. Malheur surtout parce que la religion est venue encore contribuer à notre aveuglement à ne pas tenir compte des chemins tracés par Dieu (mode de vie, manière de prier, nourriture à manger, promesse de Dieu…). Autant d'églises comme il n'en a jamais eu auparavant mais aucune lumière au monde. Nous avons toujours en nous de la haine, la jalousie, l'égoïsme, la convoitise, la course au pouvoir et toutes sortes de comportement diabolique.

C'est pourquoi, plutôt que de se contenter d'imiter et de consommer indistinctement la science occidentale comme le dit le professeur MUTUZA, l'universitaire africain doit œuvrer à l'élaboration d'une nouvelle tradition scientifique, plutôt que de s'en tenir à cette impression vague que tout a été dit, tout a été fait par les autres, il doit se convaincre, au contraire, que tout est à faire, à refaire.[29]

Intéressons-nous de notre être. Qui sommes-nous ? Comment Dieu veut-il qu'on puisse être ? Que cherchons-nous au juste ?

> Cherchez d'abord le royaume des cieux et tout vous sera donné par la suite.
> Fait de l'Eternel tes délisses et il exaucera le désir de ton cœur sans que tu puisses le lui demander

Si l'humain marche selon la volonté de Dieu et qu'il s'intéresse à son être en prenant contrôle de tous les organes de son corps, il va retrouver son pouvoir primaire de dominer la nature et toutes les espèces qui s'y trouvent. Comme Daniel marchait selon la volonté de Dieu, il avait autorité sur le lion lorsqu'il était jeté dans la fosse. Par le fait de dominer la nature, par une utilisation d'une grande partie de la capacité cérébrale et par la culture d'un amour fort, l'homme noir fera des merveilles qui n'ont jamais été faites jusque-là. Il suffit de le croire.

II.   De la façon de prier

Les disciples demanda à Jésus : « montre nous comment prier » et il répondit ceci : « Lorsque vous priez, ne soyez pas comme les hypocrites, qui aiment prier debout dans les synagogues et aux coins des rues, pour être vus des hommes. Je vous le dis en vérité, ils reçoivent leur récompense. Mais quand tu pries, entre dans ta chambre, ferme ta porte, et prie ton Père qui est là dans le

---

[29] MUTUZA (K), op cit. p16

lieu secret; et ton Père, qui voit dans le secret, te le rendra. En priant, ne multipliez pas de vaines paroles, comme les païens, qui s'imaginent qu'à force de paroles ils seront exaucés. Ne leur ressemblez pas; car votre Père sait de quoi vous avez besoin, avant que vous le lui demandiez ». (Matthieu 6 :5-15)

La prière est un dialogue, une demande d'un enfant à son père. C'est ainsi qu'elle doit avoir un caractère doux et secret car c'est une supplication. Cette demande ne doit pas être entendue par quelqu'un d'autre et personne ne doit même te voir pendant que tu le fais car c'est un secret. A moins que ça soit une prière d'ensemble. Même s'il en est ainsi, cela doit toujours se faire dans l'ordre. Soit une personne prend la charge de prier pour tout le monde ou soit la faire à tour de rôle. Imaginez-vous si votre enfant vous demandait quelque chose en criant, ou avec autorité. Quelle sera votre réaction ?

Certaines personnes croient que pour mieux se faire écouter ou pour mieux mener le combat, il faut soulever hautement la voix et avoir l'air autoritaire. Qui leur enseigne de faire cette pratique ? « Ne vous laissez pas emporter par tout esprit, étudiez par vous-même si cet esprit vient de Dieu »

Quelle que soit la nature de la prière (supplication, combat, pardon, remerciement, etc.), ce n'est pas nous qui allons agir, nous demandons à Dieu d'agir pour notre compte, de combattre à notre place car nous nous n'avons pas la force de combattre. Et le combat ce n'est pas la voix. Jésus dit que le père connait déjà ce que nous voulons lui demander et étant donné qu'on ne peut pas non plus croiser les bras parce qu'il connait, c'est ainsi qu'il faut lui demander poliment et, lui, qui entend dans le secret nous écoutera et nous fera grâce. Et voici les éléments d'une prière :

1. La gloire de Dieu passe avant toutes choses, il faut le remercier d'abord de ce qu'il fait déjà pour toi, le glorifier, le flatter. C'est donc une reconnaissance profonde qui doit faire les premières phrases d'une prière ;

2. Lui demander sa volonté à lui car, peu importe ce que tu demandes, peu importe ce que le gent réserve pour toi, peu importe ce que tu comptes faire, c'est sa volonté qui finira par se réaliser. Donc il faut chercher à comprendre la volonté de Dieu afin de prier pour ça ;

3. Après cela, tu pourras alors introduire ton besoin à toi, ce que tu veux qu'il puisse faire pour toi et pour les autres. Car la prière ne doit pas avoir l'air égocentrique.

4. Demande toujours pardons par ce que nous sommes tous pécheurs, et avoir un esprit juste de ne plus faire ce que tu reconnais être mauvais aux yeux de Dieu.

5. Comme tu veux être pardonné, tu dois d'abord à ton tour pardonner ce qui t'on fait mal, sans cela ta prière n'aura pas d'effet. Donc tu ne dois pas avoir un problème au cœur avec quelqu'un pendant que tu pries. C'est ainsi que Jésus a dit : « si tu viens offrir quelque chose à Dieu et que tu images que tu as un problème avec ton frère, laisse là et va d'abord arranger » parce que ton offrande n'aura aucun effet avec un problème sur cœur, tu n'auras pas la bénédiction.

6. Lui demander en fin de ne pas nous soumettre au piège de la tentation mais de nous délivrer du malin

Retenons que la prière n'est pas une machination par laquelle nous pouvons manipuler Dieu dans nos vies, c'est plutôt un exercice spirituel par lequel nous nous élevons vers Dieu jusqu'à ce que nous soyons part entière de son plan et de son dessein.

III. De la couverture de la tête

Aujourd'hui, tout le monde conteste la couverture de la tête pour une femme qui prie. Heureusement l'apôtre Paul a bien précisé qu'on ne peut avoir cette attitude dans les églises ; Dommage. La base de cette matière se situe dans la Bible (I corinthiens 11 :3-16)

L'Apôtre Paul a commencé à nous expliquer d'abord la différence entre un homme et une femme en disant : « Christ est le chef de tout homme, que l'homme est le chef de la femme, et que Dieu est le chef de Christ. Tout homme qui prie ou qui prophétise, la tête couverte, déshonore son chef. Toute femme, au contraire, qui prie ou qui prophétise, la tête non voilée, déshonore son chef ; c'est comme si elle était rasée. <u>Car si une femme n'est pas voilée, qu'elle se coupe aussi les cheveux. Or, s'il est honteux pour une femme d'avoir les cheveux coupés ou d'être rasée, qu'elle se voile.</u> »

C'est-à-dire que les cheveux d'une femme ne doivent pas être vus pendant qu'elle prie. C'est ainsi que l'apôtre Paul proposa qu'on les rase s'ils ne sont pas voilés. Alors pourquoi les serviteurs de Dieu mentent-ils aux femmes en disant que la chevelure serve de voile ? Et comment peut-on comprendre le dilemme de l'Apôtre Paul ? Pourquoi la chevelure qui serve de voile doit être encore rasée si elle n'est pas voilée ? Voilà une ignorance dans la parole de Dieu qui vient d'être éclairée aujourd'hui grâce à Dieu. « Jugez-en vous-mêmes: est-il convenable qu'une femme prie Dieu sans être voilée? »

Est-ce qu'il y a vraiment quelque chose d'incompréhensible de ce que l'Apôtre voulait expliquer ? Alors pourquoi les femmes croyantes, pour ne pas dire seulement chrétienne, prient avec une tête non couverte d'une marque, d'une voile ?

Quant à L'homme : « il ne doit pas se couvrir la tête, ni par une voile, ni par un chapeau ou n'importe quelle autre marque quelconque, puisqu'il est l'image et la gloire de Dieu, tandis que la femme est la gloire de l'homme. En effet, l'homme n'a pas été tiré de la femme, mais la femme a été tirée de l'homme; et l'homme n'a pas été créé à cause de la femme, mais la femme a été créée à cause de l'homme. C'est pourquoi la femme, à cause des anges, doit avoir sur la tête une marque de l'autorité dont elle dépend. Toutefois, dans le Seigneur, la femme n'est point sans l'homme, ni l'homme sans la femme. Car, de même que la femme a été tirée de l'homme, de même l'homme existe par la femme, et tout vient de Dieu. »

L'homme ne peut pas prier avec une tête couverte mais pour la femme c'est le contraire, elle doit la couvrir pour le respect de l'autorité de tout un chacun.

IV.   Du noël et de la seconde venue du Seigneur Jésus-Christ

La date du 25 décembre a été fixée comme grande fête du soleil invaincu (sol invictus) par l'Empereur romain Aurélien qui choisit ainsi comme date le lendemain de la fin des saturnales mais qui correspond aussi au jour de naissance de la divinité solaire Mithra.[30] La Rome entière avait une considération profonde pour cette journée. C'était donc une grande fête païenne.

En 325, sous le règne de l'Empereur Constantin 1er, un rassemblement de croyant en Jésus-Christ appelé « Concile de Nicée » fut organisé par l'Empereur pour arrêter certains principes qui gouverneront les églises chrétiennes du monde. Désormais, l'Empire romain se transforma en empire chrétien. En 336, à la suite de l'édit de Thessalonique interdisant les cultes païens, la Rome transforma la fête du 25 décembre à la fête de noël[31] pour faire croire au monde entier que Jésus-Christ est né le 25 décembre et elle continua à adorer en secret le dieu soleil Mithra sous la couverture de Jésus-Christ. Noël devint une des fêtes chrétiennes les plus importantes durant la période médiévale et fut diffusée dans le monde lors de la colonisation et de l'occidentalisation contemporaine. Voilà pourquoi aujourd'hui, la fête de noël est fortement laïcisée et n'est plus nécessairement célébrée comme une fête religieuse. Mais les aveugles continuent toujours à célébrer la nativité de Jésus-Christ à cette date parce qu'ils n'arrivent à trouver le vrai jour de sa naissance.

---

[30] http//www.wikipédia.com
[31] idem

Toutes les religions chrétiennes du monde célèbrent la fête de noël à cette date du 25 décembre. Le Kimbanguiste aussi le célébrait. Mais un certain 25 décembre 1991, à l'occasion de noël, papa Diangienda le contesta en disant : « *Jésus-Christ n'est pas né le 25 décembre. Célébrons seulement en attendant, mais le moment viendra où Dieu nous fera savoir la vraie date de naissance de Jésus-Christ,* »

En effet, Papa Diangienda connaissait la vraie date de naissance de Jésus Christ, mais il a voulu que l'homme puisse la rechercher lui-même au lieu de la dire directement. Chose étonnante, il meurt en 1992 sans qu'on découvre la vraie date. Neuf ans après sa mort désormais il était temps de savoir la vraie date.

Lors de sa naissance, le Messie avait laissé un signe de reconnaissance de la période de sa naissance, l'histoire de bergers qui nourrissaient leurs troupeaux dans la nuit a couronné la naissance de Jésus. Ils étaient les seules personnes alertées. Pourquoi ? Or, le climat de cette contré renseigne que la période ou les bergers se retrouvent dehors avec leurs brebis c'est entre mars, avril, mai et juin.

Aujourd'hui, beaucoup pensent que Jésus est né le 25 décembre. Mais dans la région de Bethléem, le temps est froid et pluvieux ce mois-là. Parfois même, il neige. A cette période de l'année, des bergers ne passeraient pas la nuit dans le champ avec leurs troupeaux. De plus, l'empereur n'aurait certainement pas ordonné au peuple, qui avait déjà tendance à se révolter contre lui de voyager pendant plusieurs jours en plein hiver pour se faire recenser.[32] Mais comme le monde a des difficultés d'avoir de précision sur la fête de noël, nous pouvons chercher des indices bibliques par rapport à sa seconde venue.

---

[32] Jésus le chemin, la vérité et la vie, watch tower bible ant tract society of pensylvania, edition les témoins de Jéhovah de France 2017, p18

Le prophète Esaïe avait une vision prophétique lointaine. Il avait annoncé la naissance de Jésus et il a encore annoncé la seconde venue de Jésus sur terre. Le livre d'Esaïe nous renseigne que : « après avoir accepté les souffrances pour nos péchés, il aura des descendants et sa vie sera prolongée car l'œuvre de l'Eternel prospérera entre ses mains » (Esaïe 53 :10). Mais dès le début de ce chapitre, le prophète a essayé de nous présenter le portrait physique du Messie dans sa seconde venue en disant qu'il sera faible, et qu'il n'aura pas d'allure ni le genre de beauté qui attire les regards, il sera trop effacé... et on pensera qu'il a reçu la punition auprès de Dieu or il sera comme ça à cause de nos iniquités. (Esaïe 53 :1-6)

Si nous cherchons encore d'autres indices dans le livre de révélation, nous trouvons dans les sept lettres adressées aux sept églises, deux seulement sur cinq ont reçu des éloges. Et parmi les deux, une a reçu une promesse d'une haute portée spirituelle qui n'est autre que le retour de Jésus, libellé en ce termes : « je viens bientôt ». Cette église est l'église de Philadelphie. (Apocalypse 3 :7-13)

Dans cette lettre, les caractéristiques de l'église de Philadelphie sont les suivantes :

- Eglise qui a peu de puissance ;
- Obéissance à la parole et fidèle à Dieu ;
- Les prétendus juifs se mettront à genoux pour honorer cette église
- La promesse de Jésus-Christ de venir bientôt dans cette église
- L'inscription du nom de Dieu, de la ville de Dieu et de nouveau nom de Jésus.

En parcourant toujours le livre d'Apocalypse, plusieurs indices ont été aussi donnés en dehors de cette lettre pour reconnaitre les fidèles de l'église qui ont reçu la promesse. Entre autre :

-   Une foule immense rassemblant les gens de toutes les nations avec deux couleurs significatives : vert et blanc (Apocalypse 7 :9) ;
-   Ils ont un cri pour rendre gloire à Dieu (Apocalypse 7 :10) ;
-   Ils sont passés par la grande persécution et ont lavé leurs robes et les ont blanchies dans le sang de l'agneau. (Apocalypse 7 :14) ;
-   Ils se tiennent devant le trône de Dieu et le servent nuit et jour dans son temple (Apocalypse 7 :15)
-   Ils captent un cantique nouveau que personne d'autre ne peut capter (Apocalypse 14 :1-3)

Toutes ces caractéristiques est le reflet de l'église Kimbanguiste. Et chose étonnante, le deuxième fils de Papa Simon Kimbangu, considéré comme la deuxième venue du Christ Dialungana, dont le nom signifie « accomplissement », est né le 25 Mai 1916 et sa vie est le reflet de tout ce qui est dit dans Esaïe 53. Vu tous ses éléments réunis, à partir de l'année 2001 plus question d'adorer le roi Soleil, le noël est désormais célébré le 25 Mai. Malheureusement le monde ne veut pas croire à une telle grande révélation.

Le Christ Dialungana Kiangani bénit le président Joseph Kabila pour son humilité dans la Cité Sainte de Nkamba

Le 13 mai 1917, la Sainte vierge Marie était apparue dans une peau noire à trois enfants portugais à FATIMA qui sont Lucie dos Santos de 10ans, François de 9ans et Jasette Marteau de 7ans. Elle leur montra beaucoup de choses et elle leur remit une enveloppe fermée destinée au Pape de Rome. Sur cette enveloppe, il était écrit : « à ne pas ouvrir avant 1960 ». Le contenu de cette enveloppe n'a jamais été révélé en entièreté. Il a fallu attendre jusqu'à 1980 pour que le Pape Jean Paul II déclare, pendant son séjour en République Démocratique du Congo (Zaïre à l'époque), pays où est installé le royaume de Dieu que : « Dieu est noire, Jésus-Christ est africain » il encourage les africains à rechercher leur authenticité et déclare encore que : « si la sève est celle de l'église universelle, la saveur portera aussi le fruit de l'Afrique » [33]

Les trois Pastoureaux Fatima juste après vision   Pape Jean Paul II et le Président Mobutu au Zaïre
(1917)   (1980)

La majorité des chrétiens pense que Jésus-Christ ne reviendra que pour juger le monde entier à la fin du temps. Or ce n'est pas ce que dit la Bible. Car, en dehors de tout ce qui est énuméré ci-haut, une petite précision a été donnée dans le livre d'Hébreux que le Christ, qui s'est offert une seule fois pour porter les péchés de plusieurs, apparaîtra sans péché une seconde fois pour sauver ceux qui l'attendent. (Hébreux : 9-28). Voilà, une telle révélation biblique que Jésus-Christ reviendra, non pas pour souffert encore sur la croix à cause du

---

[33] Jeune Afrique économie n°135 septembre 1990, p138

péché, mais pour sauver les gens éveillés, vus par l'Apôtre Jean dans l'Apocalypse, les gens qui comprennent leur royauté, et cette fois-ci, il vivra longtemps et aura même une descendance comme le Prophète Esaie l'avait Précisé.

Section 2 : l'éternité du Saint-Esprit

D'aucuns peuvent s'étonner du fait que comment le Saint-Esprit peut demeurer éternellement sur terre dans un corps humain. Et si Papa Simon Kimbangu comme nous l'avons écrit est le Saint-Esprit, donc il doit toujours être physiquement en vie sur terre.

Faisons remarquer qu'en 1910, Papa Simon Kimbangu a dit à son ami KUPENDA qu'en 1918 il va renaître encore et qui était né à cette année-là ? C'est son troisième fils Joseph Diangienda et c'est lui qui était le premier chef spirituel de l'Eglise kimbanguiste en dirigeant même ses grands frères.

Arrivé en 1951, les femmes de trois fils de Papa Simon Kimbangu étaient grosses au même moment. Papa Diangienda leur dira que celle qui mettra au monde un garçon, fera revenir son père. Et coïncidentiellement, la femme de son frère Dialungana, Deuxième fils de Papa Simon Kimbangu donna naissance à un garçon au même jour et à la même date le vendredi 12 octobre 1951 que Papa Kimbangu mourrait à Lubumbashi. Directement on lui donna le nom de Simon Kimbangu Kiangani et aujourd'hui c'est lui qui dirige l'église. Et selon la légende, les organes du corps de Papa Simon Kimbangu disparus à sa mort, n'ont fait qu'un déplacement pour se retrouver dans le corps de son petit-fils né le jour de sa mort. Même physiquement, le petit fils reflète l'image du grand père.

Papa Simon KIMBANGU
Dieu le Saint-Esprit
Né le 12/09/1887
Mort le 12/10/1951

Papa DIANGIENDA NKUTIMA
L'incarnation du Saint-Esprit
Né le 22/03/1918
Mort le 8/07/1992

Papa Simon KIMBANGU KIANGANI
La réincarnation du Saint-Esprit
Né le 12/10/1951

Il est difficile d'accepter ceci entant qu'humain dans la chair sans être révélé par Dieu lui-même, enfin, s'il en a envie que vous puissiez le reconnaitre ou si peut être vous êtes quelqu'un de hautement spirituel car Kimbangu le Saint-Esprit n'est pas mort, son esprit se transmet d'un corps à un autre. Dieu était venu au nom de Simon Kimbangu en unité après il s'est séparé en trois à travers ses trois fils pour se réunir encore actuellement au nom de Simon Kimbangu Kiangani. La seule personne noire au monde devant laquelle noirs, blancs, vedettes, professeurs, politiciens, pasteurs ou n'importe qui d'autre acceptent de s'agenouiller et de l'honorer sans que cela soit une obligation.

Qui leur demande de faire ce geste d'humilité ? Et à qui profite-t-il cela ? *« Je les forcerai à venir se mettre à genoux devant toi pour t'honorer »*

L'artiste musicien congolais Ngiama Makanda Werrason dans son séjours à Nkamba en 2013 a dit : *« que personne ne vous trompe car c'est vous et non le trompeur qui serez en retard. Moi et mon orchestre sommes venus reconnaitre la force, la puissance qui sauve. Avec ma foi, tout ce que le monde attendait pour mon corps n'aura plus d'effet. Nous ne sommes pas venus pour*

l'argent, ni pour le succès mais pour des problèmes personnels et je suis guéri car j'ai vu et senti quelques choses. Je n'ai aucun intérêt à vous mentir… ».

Section 3 : les principes de base pour être élu

Pour la théologie kimbanguiste, l'homme n'est sauvé que si seulement les trois conditions ci-après sont remplies : la grâce divine, la foi en Dieu et en son Messie, les bonnes œuvres.[34] Il est certes vrai que Dieu est universel, mais il y a certains principes de base qu'il a mis en place pour que ses enfants vivent en bénéficiant du bonheur de la terre et du ciel. C'est ainsi que lorsqu'il avait libéré les enfants d'Israël, il leur avait donné le décalogue pour qu'enfin qu'ils vivent heureux dans la terre promise afin que du lait et du miel puissent couler. Dans toute chose il y a toujours une part de Dieu et une part de l'homme pour la concrétisation de la volonté divine.

Le 2 janvier 1992, Papa Diangienda sentant sa mort prochaine eut tenu un discours bouleversant dans la résidence Shenouda III au centre kimbanguiste d'accueil et de conférence de kasa-vubu. Il dira : *« les jours à venir, lorsque nous ne serons plus là, parce qu'on est de voyageur, si on vous demandait ce que vos pères vous ont laissé avant leur mort, réfléchissez sur tout ce que nous vous avons dit. « **amour, préceptes, œuvres** » ces trois principes sont à la base de la victoire. Alors si vous les négligez, votre souffrance n'aura pas de fin »*. Ces trois principes est l'identité de tout vrai kimbanguiste.

I. De l'amour

« Tu dois aimer le Seigneur ton Dieu de tout ton cœur, de toute ton âme et de toute ton intelligence. C'est là le commandement le plus grand et le plus important. Et voici le second commandement, qui est d'une importance semblable: Tu dois aimer ton prochain comme toi-même. Toute la loi de Moïse et tout l'enseignement des prophètes dépendent de ces deux commandements. » (Matthieu 22 :37 -40)

---

[34] DIANGIENDA (K), op.cit, p260

Tout repose sur l'amour. C'est ainsi qu'étant la source d'inspiration Dieu doit toujours occuper la place primaire dans notre vie. Nos pensées, nos actes, nos actions, nos travaux, nos études, nos projets tout doit concourir au profit de Dieu. Son désir est qu'il soit associé dans toute entreprise faite par l'homme. Même dans nos prières, Dieu cherche toujours à trouver un amour propre à lui dans ou à travers nos demandes.

On ne peut pas aimer Dieu sans aimer son prochain. C'est ainsi que ce principe vient au complément de l'amour de Dieu pour faire assoir les lois et les prophéties. L'amour du prochain est caractérisé par le geste de charité et de l'esprit de s'entraider. Ceci ne signifie pas que nous devons chercher qu'on fasse toujours les biens pour nous mais bien au contraire, nous devons chercher comment faire les biens pour les autres. Ceci est expliqué par Jésus en ce terme :

« Le maître demanda donc à Jésus: Qui est mon prochain? Jésus répondit: <Un homme descendait de Jérusalem à Jéricho, lorsque des brigands l'attaquèrent, lui prirent tout ce qu'il avait, le battirent et s'en allèrent en le laissant à demi-mort. Il se trouva qu'un prêtre descendait cette route. Quand il vit l'homme, il passa de l'autre côté de la route et s'éloigna. De même, un lévite arriva à cet endroit, il vit l'homme, passa de l'autre côté de la route et s'éloigna. Mais un Samaritain, qui voyageait par-là, arriva près du blessé. Quand il le vit, il en eut profondément pitié. Il s'en approcha encore plus, versa de l'huile et du vin sur ses blessures et les recouvrit de pansements. Puis il le plaça sur sa propre bête et le mena dans un hôtel, où il prit soin de lui. Le lendemain, il sortit deux pièces d'argent, les donna à l'hôtelier et lui dit: <Prends soin de cet homme; lorsque je repasserai par ici, je te paierai moi-même ce que tu auras dépensé en plus pour lui.>> Jésus ajouta: <Lequel de ces trois te semble avoir été le prochain de l'homme attaqué par les brigands?> Le maître de la loi répondit: <Celui qui a été bon pour lui.> Jésus lui dit alors: <**Va et fais de même.**>(Luc 10 :29-37).

A chaque fois que je lis ce passage, je me demande toujours s'il m'arrivait une telle scène, ma réaction serait de prêtre et du sacrificateur ou celle du Samaritain ? C'est ainsi que le livre de Corinthiens nous montre le détail du caractère de l'amour en ces termes :

« Supposons que je parle les langues des hommes et même celles des anges: si je n'ai pas d'amour, je ne suis rien de plus qu'un métal qui résonne ou qu'une cymbale bruyante. Je pourrais transmettre des messages reçus de Dieu, posséder toute la connaissance et comprendre tous les mystères, je pourrais avoir la foi capable de déplacer des montagnes, si je n'ai pas d'amour, je ne suis rien. Je pourrais distribuer tous mes biens aux affamés et même livrer mon corps aux flammes, si je n'ai pas d'amour, cela ne me sert à rien. Qui aime est patient et bon, il n'est pas envieux, ne se vante pas et n'est pas prétentieux; qui aime ne fait rien de honteux, n'est pas égoïste, ne s'irrite pas et n'éprouve pas de rancune; qui aime ne se réjouit pas du mal, il se réjouit de la vérité. Qui aime supporte tout et garde en toute circonstance la foi, l'espérance et la patience. L'amour est éternel. Les messages divins cesseront un jour, le don de parler en des langues inconnues prendra fin, la connaissance disparaîtra ». (I Corinthiens 13 :1-8)

II.   Des préceptes

Les préceptes sont des règles de conduite de la vie, c'est une façon de vivre des enfants de Dieu qui les différencient des autres personnes. Dieu a libéré les enfants d'Israël à travers Moïse. Mais pour que ces derniers pénètrent la terre promise, ils devaient marcher en conformité avec des règles établies par lui pour qu'il soit effectivement leur Dieu et eux les peuples qu'il a choisi ou mieux ses serviteurs à lui.

Un secret est caché dans la loi que Dieu a donnée à son serviteur Moïse pour le peuple qu'il a choisi. Ceci est révélé dans le livre de Josué chapitre premier. En effet, lorsque Moïse était mort Dieu a demandé à Josué de prendre la relève. Comment cela était-ce possible car Moïse était le seul qui se parlait avec Dieu. C'est ainsi que Dieu lui demanda d'être fort et courageux après il lui donna la clé de la réussite et du succès qui n'est autre que la méditation de la loi donnée par lui à Moïse. Dieu a demandé à Josué de la méditer jour et nuit pour réussir dans toutes ses entreprises. C'est ce qui a permis à Josué de traverser le Jourdain, de faire tomber Jéricho et chose grave encore de stabiliser le soleil. Retenons que le livre d'Exode 20 :1-17 ou est repris le dix commandement, est la seule partie de la Bible que Dieu a pris soin de l'écrire à son propre doigt en disant :

1. Tu n'auras pas d'autres dieux face à moi
2. Tu ne feras aucune idole, aucun objet qui représente ce qui est dans le ciel ou dans l'eau sous la terre et tu ne t'inclineras pas devant ces objets
3. Observe le jour du sabbat comme sacré. Tu feras ton ouvrage pendant six jours, mais le septième c'est pour l'Eternel. Tu ne feras aucun travail ce jour là
4. Tu ne prononceras pas le nom de l'Eternel ton Dieu en vain
5. Honore ton père et ta mère afin que tes jours se prolongent
6. Tu ne tueras point
7. Tu ne commettras pas d'adultère
8. Tu ne voleras pas
9. Tu ne prononceras pas de faux témoignages
10. Tu ne convoiteras rien

C'est ainsi que les dix commandements passent avant toute chose dans le kimbanguisme. Il est recommandé de les lire et de les méditer dans toutes les occasions ou se retrouve les enfants de Dieu. Culte matinal et dominical, soirée, réunion, mariage, deuil…parce que c'est la clé de la réussite de toute entreprise de l'homme, la formule magique des enfants de Dieu.

A part le dix commandements, l'on ajoute encore douze autres préceptes qui sont de valeurs estimables pour tout enfant de Dieu que nous citons :

1. **Le respect de l'autorité de l'Etat** : ceci trouve son fondement Biblique dans Romains 13 :1-4. En effet, un enfant de Dieu ne peut, en aucun cas, être un opposant comme nous dit l'épitre aux Romains car toute autorité vient de Dieu. Celui qui s'oppose à l'autorité résiste à l'ordre établit par Dieu. C'est ainsi que l'église kimbanguiste est toujours derrière le pouvoir dès le tout premier Président du pays à nos jours ;

Le premier président de la RDC Joseph KASAVUBU entouré par les fils de Papa Simon Kimbangu

Le 2ème président de la RDC Joseph MOBUTU avec sa femme entouré par le 2ème fils de Papa Simon Kimbangu à gauche et da la fille de son frère Diangienda à droite

Le Président Joseph KABILA avec l'actuel Chef Spirituel de l'EJCSK petit fils de Papa Simon Kimbangu

Le Président Félix Antoinne Tshisekedi avec l'actuel Chef Spirituel de l'EJCSK petit fils de Papa Simon Kimbangu

2. **Amour des amis et des ennemis (Matthieu 5 :40-45)** : Dieu aime que ses enfants puissent le surprendre en faisant des choses extraordinaires tels que : aimer ses ennemis, bénir ceux qui les maudissent, faire du bien à ceux qui les haïssent et prier pour ceux qui les maltraitent pour être vraiment ses fils à lui. C'est ainsi que Si quelqu'un veut plaider contre toi, et prendre ta tunique, laisse-lui encore ton manteau. Si quelqu'un te force à faire un mille, fais-en deux avec lui. Donne à celui qui te demande, et ne te détourne pas de celui qui veut emprunter de toi. Vous avez appris qu'il a été dit: Tu aimeras ton prochain, et tu haïras ton ennemi. Mais moi, je vous dis: Aimez vos ennemis, bénissez ceux qui vous maudissent.

3. **Ne pas fumer** : toute sorte de stimulant de l'esprit est interdite entre autre cigarette, chanvre, tabac, drogue, cocaïne… en vertu du principe « toutes choses me sont permises, mais toutes choses ne me sont pas avantageuses » (I corinthiens 6 :12) ;

4. **Ne pas prendre la boisson alcoolique (I Timothée 3 :2-3, Lévitique 10 :9, Ephésiens 5 :18)** : notre corps est le temple du Saint-Esprit, Jésus a promis que le Saint-Esprit sera en nous, l'alcool dans le corps d'un homme chasse l'Esprit de Dieu et condamne le corps à mort.

5. **Ne pas dormir nu, ni se laver nu (Genèse 3 :7-21 ; 9 :21-27)** : Dieu nous visite à tout moment, c'est ainsi qu'on ne peut pas rester une minute hors zone. Et, l'homme doit éviter toutes les façons qui permettent la découverte de sa nudité ;

6. **Ne pas danser, ni regarder quelqu'un le faire :** au jour d'aujourd'hui, la danse est devenue l'instrument efficace utilisé par le diable pour faire tomber les enfants de Dieu. Il est interdit de danser pour ne pas être la cause de chute de quelqu'un, ni de regarder danser pour n'est pas tombé dans le piège. Souvenons-nous que Jean baptiste a perdu sa tête à cause de la danse ;

7. **Ne pas se livrer au fétiche (Exode 20 :3) :** ceci est un rappel de la toute première règle dans le commandement de Dieu qui est le fait de ne pas avoir d'autres dieux à sa face car il est un Dieu jaloux, ceux qui le font maudis même leurs enfants et leurs arrières petits fils. Par le terme fétiche, il faut entendre toute pratique contraire à celle recommandée par Dieu entre autre sorcellerie, divination, guérisseur…

8. **Ne pas se quereller, ni se mettre longtemps en colère contre ton prochain (Ephésiens 4 :31, Colossiens 3 :6-10) :** l'amour de Dieu et du prochain qui est le plus grand commandement de tous, nous demande de rejeter toutes formes de méchanceté, de sentiment amère, d'irritation, de la colère, des cris, des insultes, des paroles crotales et grossières ;

9. **Payer l'impôt (Romains 13 :6) :** par l'impôt il faut entendre toute taxe demandée par l'autorité de l'Etat car un enfant de Dieu doit être exemplaire. Rendez à César ce qui est à César et à Dieu ce qui est à Dieu ;

10. **Ne pas manger la viande du porc, singe (Deutéronome 14 :8, Lévitique 11 :7-8, Esaie 66 :17) :** l'Eternel notre Dieu a énuméré les animaux qui rendent le corps impur dans le livre de Lévitique et dans Esaie il dit que ceux qui mangent la viande du porc périront. Un enfant de Dieu ne peut même pas toucher le cadavre d'un porc, oracle de l'Eternel ; si Jésus-Christ a accepté d'envoyer la légion des esprits mauvais aux porcs, c'est parce qu'il savait que c'est un animal immangeable.

11. **Savoir accepter les défauts ;** celui qui n'accepte pas ses défauts est désagréable devant l'éternel. Une faute avouée est à moitié pardonnée par les hommes mais totalement pardonnée par Dieu.

12. **Ne pas se mêler aux litiges, ni garder longtemps la colère contre ton prochain (Ephésiens 4 :25-27 ; Matthieu 2 :38-48) :** un enfant de Dieu ne peut pas avoir un problème dans son cœur avec son prochain ceci freine la voix de la bénédiction. Il doit avoir la culture de dire toujours la vérité. Il ne faut pas qu'il donne au diable l'occasion. C'est ainsi qu'il doit

bien surveiller son corps et que même s'il s'agit de se mettre en colère que son corps ne pêche pas.

III.   Des œuvres

Les œuvres sont le fruit de la foi. Par œuvre il faut entendre toute activité, tout travail ou tout fruit d'un travail. La bénédiction chez Dieu ne s'obtient pas facilement. Donnez et il vous sera donné, faites aux autres ce que vous voulez qu'on fasse pour vous. La croyance en Dieu oblige à ses enfants d'être charitable, hospitalier et travailleur.

C'est ainsi que Dieu demande à ses enfant de faire d'une part de diverse sorte de cotisation (offrande, dîme, aumône, action de grâce et don) et d'autre part de participer à la construction de la nouvelle Jérusalem qui n'est autre que la cité sainte de Nkamba qui accueillera le monde entier.

L'Abbé Catholique accompagné par des soeurs   L'Ambassadeur français avec sa délégation (2016)

Monseigneur de l'église octodoxe de Kinshasa (1982)   Quelque blancs sympathisants (1982)

Le Ministre du sport et loisir de la RDC Dénis KAMBAYI avant la phase finale du CHAN que le léopard de la RDc a remporté la coupe (2016)

Il a été dit, quel que soit l'endroit où sera le corps, là s'assembleront les vautours (Matthieu 24 :28). Nkamba sera peuplé comme au-par-avant mais cette fois ci pas seulement par le peuple kongo mais par toutes les nations du monde. C'est ainsi que Dieu demande à ses enfants de participer physiquement et financièrement à la construction de la nouvelle Jérusalem pour avoir plus de bénédiction.

Lorsque Salomon eut achevé la maison de l'Éternel et la maison du roi, et qu'il eut réussi dans tout ce qu'il s'était proposé de faire dans la maison de l'Éternel et dans la maison du roi, l'Éternel apparut à Salomon pendant la nuit, et lui dit: **J'exauce ta prière**, et je choisis ce lieu comme la maison où l'on devra m'offrir des sacrifices. Quand je fermerai le ciel et qu'il n'y aura point de pluie, quand j'ordonnerai aux sauterelles de consumer le pays, quand j'enverrai la peste parmi mon peuple; si mon peuple sur qui est invoqué mon nom s'humilie, prie, et cherche ma face, et s'il se détourne de ses mauvaises voies, je l'exaucerai des cieux, je lui pardonnerai son péché, et je guérirai son pays. Mes yeux seront ouverts désormais, et mes oreilles seront attentives à la prière faite en ce lieu (II Chroniques 7 :11-15).

La solution aux problèmes que souffre notre pays actuellement est entre nos mains car nous sommes le seul peuple sur qui est invoqué le nom de Dieu « KIMBANGU » il faut qu'on se réveille et faire en sorte que le pays soit guéri en suivant ce chemin :

1. Participons à la construction de la cité sainte de Nkamba
2. Humilions-nous de tout orgueil que nous offre ce monde
3. Rendons nous habituellement à Nkamba pour prier par la suite car ses yeux seront ouverts et ses oreilles attentives aux prières qui seront faites en ce lieu
4. Cherchons la face de Dieu
5. Détournons-nous de nos mauvais chemins.

Tant que l'homme noir ne reconnaitra pas la vraie face de Papa Simon Kimbangu sa souffrance n'aura pas de fin.

Dieu est venu pour mettre fin aux pleures de ses enfants en essuyant leurs larmes et en leur donnant une joie complète et parfaite comme nous dit l'apocalypse de Jean. Mais il faudrait d'abord le reconnaitre là où il est dans son trône, et ensuite laver les habits et les blanchir vraiment par le sang de l'agneau c'est-à-dire la purification sincère du corps, et enfin le servir jour et nuit dans son temple. (Apocalypse7 :9-11)

Dieu désire nous enseigner quelque chose de très spécial au sujet d'une nouvelle dimension d'adoration et de communion avec lui. Une nouvelle dimension de victoire sur le péché et la possession du pays. Il y a beaucoup que Dieu a promis dans sa parole que les croyants ont cherché pendant des années, et n'ont pas obtenu. Du temps de David, les enfants de Dieu croyaient pouvoir posséder le pays, et ils l'ont possédé. Au lieu d'une promesse, c'est devenu une réalité et quelque chose dont ils jouissaient. Nous vivons dans un jour où beaucoup de choses qui ont été promises dans la parole de Dieu, qui ont été présentées pour être crues par la foi, ne pouvaient pas être possédées jusqu'à la plénitude du temps qui est marquée pour cette heure actuelle.[35]

Section 4 : L'importance du milieu KONGO

Lors du partage de l'Afrique en 1885, dans le territoire qui constitue la République Démocratique du Congo aujourd'hui, s'étaient regroupé plusieurs entités qui étaient ; Une partie du royaume Kongo, le royaume Luba, l'empire Bakuba… mais l'on choisit seulement comme appellation Etat Indépendant du Congo. Or la représentativité du royaume Kongo par rapport à d'autres entités était vraiment la moindre mais le nom « KONGO » a pris le dessus jusqu'à présent dans l'appellation du pays (Etat Indépendant du Congo, Congo belge et actuellement République Démocratique du Congo). Conséquence les habitants sont appelés le « Congolais, Bakongo, Besikongo ». C'est-à-dire que tout habitant de la RDC quelle que soit son ethnie ou mieux son groupe linguistique est un mukongo (congolais).

C'est ainsi que le royaume de Dieu est descendit dans la province du Kongo-Central pour reconstituer l'unité, pour marquer la racine de toute chose « tuku dia makanda ye zindinga : début de race et de langue ». C'est le travail que devait faire le premier président mukongo de ce pays, Joseph KASA-VUBU qui était investi comme tel par les fils de Papa Simon Kimbangu depuis son enfance. Et comme il n'avait pas fait ce qu'on lui avait demandé de faire par peur de l'homme blanc, il avait donné un retard par rapport au plan de Dieu, c'est ainsi que Papa Joseph Diangienda se fâcha et dira qu'il va donner le pouvoir a quelqu'un d'autre.

---

[35]Houtsma (R), Théologie Pastorale 2, volume 13, 1995, p79

Joseph Mobutu le remplace en attendant, mais comme il a beaucoup aidé les fils de Papa Simon Kimbangu et l'église Kimbanguiste, il régna pendant longtemps. Le président Mobutu lui-même est venu rendre personnellement témoignage aux funérailles de Papa Diangienda en disant que c'est papa Diangienda qui est endormi là (car pour lui, il n'était pas mort) qui lui avait dit depuis 1958 qu'il sera président de ce pays mais il lui avait interdit de parler de ça à qui que ce soit. Comme il était émotionné d'entendre que les gens ont jeté des pierres à son cercueil, c'est ainsi qu'il était obligé de rendre ce témoignage pour expliquer à la population qui était papa Diangienda (c'est lui qui plaçait les gens à la tête du pays).

Comme tout celui qui a le pouvoir a toujours tendance à en abuser, il sera remplacé par quelqu'un venant de très loin, comme l'avait déjà prédit Papa Diangienda, l'avènement de Mzee Laurent Kabila, devant un journaliste au nom de Mankenda Voka du journal l'Observateur, en conformité avec la prophétie de Papa Simon Kimbangu concernant les dirigeant de ce pays, du 1er au 4ème Président. Mais son idéologie provoquera vite sa mort et un jeune reconstituera le pays. Le président Mzee Kabila avait remplacé le président Mobutu et il n'a pas trop duré comme c'était dit, car il était assassiné et remplacé par son fils, le jeune, le président Joseph Kabila. Ce dernier, comme Mobutu a beaucoup aidé Papa Simon Kimbangu et son église. Il a régné longtemps et a fait la passation pacifique du pouvoir au président actuel Félix Antoine Tshisekedi, le nouveau président élu. Donc, si on observe bien les dirigeants de notre pays pour le respect qu'ils accordent vis-à-vis de l'actuel chef spirituel de l'Eglise Kimbanguiste Papa Simon Kimbangu Kiangani, qu'est-ce qui nous empêchera de dire qu'ils sont investis par le pouvoir divin de ce dernier ? Ceci se passe sous les yeux de nous tous mais malheureusement l'esprit est scotomisé pour refuser de comprendre l'origine de tout. On ne peut pas ignorer l'histoire, mais on ne peut ignorer que sa propre histoire.

Martelons un peu de ce qu'avait fait le 4ème Président. Depuis que le jeune président Joseph Kabila avait succédé à son père, il avait accordé une place importante à Papa Simon Kimbangu dans notre pays en disant tout haut lors de la célébration du cinquantenaire de l'indépendance de notre pays que c'est Papa Simon Kimbangu qui est le premier précurseur de l'indépendance de notre pays et il lui donna la médaille de mérite et ensuite il initia la révision de son procès à la haute cour militaire pour le réhabiliter judiciairement. Mais avant cela il accorda une importance capitale au village de Nkamba, appelé aujourd'hui nouvelle Jérusalem en y résidant pendant trois jours disant qu'il était venu prier. En plus de ceci, nous ne pouvons pas rester muet pour la bonne action qu'a fait l'actuel Président Félix Tshisekedi, en proclamant la journée du 6 avril chomée et payée sur toute l'entendue de la République pour le combat de papa Simon Kimbangu.

Ceci aurait dû avoir lieu depuis longtemps par le premier président de ce pays, mais le mukongo a donné un retard par rapport à cela. Il y a encore des étapes qui doivent être franchies selon le plan de Dieu pour le bonheur de l'homme noir et de l'humanité tout entière. Lui-même sait quand et comment. Mais nous devrions savoir quand même pourquoi seulement le royaume est descendu chez le Bakongo. Une étude passagère de ce royaume et ses éléments s'avère nécessaire.

I.   Le Royaume Kongo

Les ancêtres kongo savaient que leur royaume n'était pas comme toute autre entité territoriale. En effet, le Royaume Kongo a une existence d'un millénaire et demi. Il fut un des royaumes les plus puissants au sud du Sahara. A l'arrivée de Diego Cao sur la côte du fleuve Congo, le Royaume kongo fut plus avancé que le Portugal dans plusieurs aspect tels que l'organisation politique, l'artisanat, l'art, etc.[36]

Mbanza kongo fut la capitale politique, administrative et économique de ce royaume. La ville fut l'une des plus anciennes urbanisations vivantes sous l'équateur. Quelques vestiges y sont encore présents, visibles et conservés. La ville de Mbanza kongo a connu plusieurs toponymes durant l'évolution de son royaume. Les différents toponymes de cette ville sont les suivants :

1. N'kumba wungudi (utérus maternel, veut dire le berceau de l'humanité) fut le premier toponyme donné à cette ville.
2. Kongo dya ngunga (congo de cloche). On lui attribua ce toponyme lors de la christalisation de la ville par les colons portugais dû au retentissement de la cloche des églises catholiques.
3. Zita dya nza (secret de la terre). Les habitants pensent que cette ville détient la vérité ou sinon garde le secret de l'humanité.
4. Tuuku dya makanda kumi ye zole (provenance de 12 clans). Cette ville regroupe les 12 clans du peuple kongo à l'instar de 12 tribus d'Israël.
5. Tuuku dya luvuluzi (source du salut). Cette ville est considérée comme cité du salut au même titre que Jérusalem pour les juifs.
6. Kongo dya ntotila (congo d'union). La ville se voulait un lieu d'unification des peuples et avait pour philosophie « l'union fait la force ». ce toponyme est le mieux accepté par tous les peuples kongo jusqu'à présent.
7. Kongo dya ntinu (congo du roi). Ce toponyme signifie simplement ville royale

---

[36] Luntadila (I), <u>Nominalisation en Kikongo (H16) : les substantifs et les verbes supports Vanga, Sala, Sa et Ta</u>. Thèse présentée à la Faculté des Philosophie et Lettres en vue de l'obtention du grade de Philosophiae Doctor (Ph.D) en linguistique, Universitat Autonoma de Barcelona 2015, p19

8. Kongo dya wene (congo des trésors). Ce toponyme fut donné pour exalter les ressources (minières, naturelles, matérielles et humaines) de cette ville

9. Kongo dya mpangala (congo des œuvres). C'est dans cette ville où se réalisaient des merveilles et des œuvres grandioses.

10. Banza a kongo (pensée du kongo). Ce toponyme fut une interpellation à son peuple sur la gestion de la chose publique.

11. Mbanza (ville).

12. Wumbanza (pensez-y). c'est aussi une interpellation

13. Ambasi a kongo (messager du congo).

14. Sao salvador (saint sauveur). Ce toponyme fut attribué par les colons portugais pour signifier la ville du salut.

15. Mpemba (clarté, lumière). La ville était considérée comme ville pure ou mieux terre promise à l'instar du Canaan (Palestine) par le peuple hébreu.

16. Kongo dya mani (congo de la sentence). C'est la ville de la résolution de tout problème.

17. Kongo dya mbata (congo des hauteurs). Ce toponyme a toute sa raison d'être car la ville se situe au-dessus de la montagne.

18. Mbanza (ya) kongo (ville du congo). C'est le toponyme en vigueur. C'est la ville du peuple kongo.[37]

Partant seulement des appellations que le Royaume Kongo a portées dès son origine à travers sa capitale, ceci montre noir sur blanc que ce territoire avait une importance capitale dans le plan divin. Ce territoire était choisi pour l'installation de règne et du royaume de Dieu.

II.   La langue congolaise

La civilisation est la façon de vivre d'un peuple, un peuple sans civilisation est comme un arbre sans racine. Or le premier élément fondamental qu'un peuple a à sa possession c'est sa langue.

---

[37] Luntadila (I), op cit, p19

La population de la RDC comprend trois ethnies principales (les Kongo, les Luba et les Mongo) et quatre groupes linguistiques principaux (le Lingala, le Kikongo, le Tshiluba et le Swaili), ainsi que divers groupes de population plus petits qui se différencient par leurs appartenances ethniques et leurs langues, estimées respectivement à 250 et 400. Les estimations du nombre de langues locales varient de 250 à 700, selon qu'une langue particulière est classée comme dialecte ou comme langue.[38]

La multitude de dialecte dans notre pays ne nous fera que séparer pour que nous ne soyons pas ensemble (exemple de la tour de Babel). Nous sommes parmi les rares pays, nous pouvons même dire le seul pays qui a une multitude de dialectes dont le nombre estimé ci-haut. Et, parmi les quatre langues nationales, aucune n'est officielle. La langue officielle de la RDC est la langue française qui n'est même pas la langue de nos colonisateurs. Or le premier instrument de génie d'un peuple c'est sa langue.

Tout congolais est un Mukongo, donc il doit apprendre à parler sa langue maternelle qui n'est autre que le Kikongo la langue qui lui permettra d'être en contact direct avec son sauveur qui est Papa Simon Kimbangu, venu avec ses trois pouvoirs (kinzambi–pouvoir religieux, kimazaya=pouvoir scientifique et kimayala=pouvoir politique). Ceci nous évitera aussi de nous mettre à distance les uns des autres en supprimant les tribalismes, Malheur aux congolais qui, au lieu d'interroger l'histoire, se mettent sans une révélation divine à injurieux Papa Simon Kimbangu la personne que les grandes autorités de ce monde respectent. Rappelons-nous que le blasphème contre le Saint-Esprit n'est jamais pardonné. Au lieu plutôt de se mettre à injurier ou à critiquer, demandons à Dieu de nous éclairer sur cette situation de la souffrance de l'homme noir en général et de Congolais en particulier.

---

[38] Banque Mondiale, le renouveau du système éducatif de la République Démocratique du Congo : Priorités et alternatives, région afrique, département du développement humain série documents de travail, n°68, janvier 2005, p29

L'erreur que les congolais commettent est de s'ignorer lui-même en voulant effacer toute son identité à lui pour revêtir une identité étrangère. Chose grave encore, nous constatons de nos jours que dans la majorité des églises ouvrantes en RDC, l'évangile n'est prêché à aucune de langue traditionnelle propre à nous. Or les fidèles et les dirigeants sont tous de Congolais. Jusqu'à quand serons-nous toujours emballés ? C'est dommage.

Il faut que tous les Congolais puissent se communiquer à une seule langue le Kikongo, si et seulement si nous voulons être grand et faire de merveille dans le monde ou mieux faire réaliser les prophéties et bénéficier de la promesse de Dieu. Car le mot "KIKONGO" est composé de deux éléments. Nous avons le préfixe *"KI"* et le radical *"KONGO"*.

Ki est un préfixe de classe abstraite et secrète, de ce fait, il véhicule une énergie, celle-ci donne à celui qui le porte un pouvoir comme nous l'avions dit tantôt dans le chapitre 3 (cfr infra p33).

Alors, *"Kikongo"* veut simplement dire l'énergie, le pouvoir ou mieux la puissance du peuple Kongo. C'est une langue qui a un pouvoir secret et abstrait, la voie de connexion avec le Dieu tout puissant (Nzambi a mpungu tu nlendo). Voilà la nécessité d'apprendre et de parler cette langue. Il nous faut la liaison spirituelle pour œuvrer.

III. Les mœurs congolaises

Tous les habitants de la RDC doivent cultiver les points positifs de la façon de vivre d'un mukongo qui est caractérisé par le « luzitu » (Respect) et le « kinkulu » (la tradition). C'est ainsi que vous ne verrez jamais un Kimbanguiste prier comme les autres le font. Il ne dit jamais « Yesus : Jésus » mais il dit « Nkolo yésus : Seigneur Jésus » il ne dit jamais « Nzambe : Dieu » mais il dit « Tata Nzambe : Dieu le père » tout ceci, c'est pour marquer le respect qu'il a vis-à-vis de son Dieu et de son Seigneur.

Dès la naissance, le garçon mukongo est collé à son père et la fille mukongo à sa mère pour apprendre la tradition, les habitudes et la culture.

- Une fille mukongo très tôt le matin doit se laver car elle ne peut saluer un homme sans qu'elle se lave d'abord.
- Une fille mukongo ne peut pas saluer un garçon en restant debout, il faut qu'elle s'abaisse un tout petit peu quel que soit l'âge
- Une fille mukongo ne peut pas passer au milieu des hommes
- Une fille mukongo ne peut, en aucun cas hausser sa voix devant les hommes.

Dans son premier épitre aux corinthiens 11 :3 l'apôtre Paul nous explique que : « la femme a pour chef l'homme, l'homme a pour chef Christ et Christ a pour chef Dieu. »

- un subalterne ne peut pas saluer une autorité en restant debout, il faut qu'il s'incline un tout petit peu
- un inférieur ne peut pas tendre sa main le premier pour saluer un supérieur
- tout enfant est sous l'autorité de son oncle maternelle mais il accorde un respect et une valeur à son père dans le sens qu'il doit toujours lui donner le cœur de son gibier chassé. Aujourd'hui ceci peut être représenté par le fruit de son travail.

D'aucun peuvent se préoccuper de l'approche religieuse kimbanguiste qui n'obéit pas au système matrilinéaire quant à l'héritage spirituel qui est au bénéfice des fils et des petits fils. Il est certes vrai que le kimbanguisme s'incline devant les valeurs Kongo (valeurs fondées sur le système matrilinéaire). Mais, il est évident que le modèle que l'Eglise imprime en rapport à la coutume Kongo est purement spirituel et non culturel, dans son sens coutumier. Ceci peut faire l'objet d'une étude appropriée.

CONCLUSION

Dieu a tant aimé le monde, il a envoyé son fils unique afin que quiconque croit en lui ne périsse pas mais qu'il ait la vie éternelle. Le Fils dans son amour a promis d'envoyer un autre consolateur pour parachever sa mission de montrer au monde le vrai chemin du salut éternel. Vu sa lourde mission de demeurer éternellement sur terre, le Saint Esprit a fait descendre le royaume de Dieu entier ainsi que son règne pour accomplir parfaitement sa mission.

L'Afrique était la première puissance économique mondiale, elle a nourri le monde entier par le biais de l'Egypte grâce à un Israélite Joseph fils de Jacob, vendu par ses frères qui sauva le monde entier par sa sagesse et devint chef dans un pays étranger. Et aujourd'hui, les Etats-Unis se sont donnés la mission de protéger Israël et ses habitants. c'est parce que Israël était une famille choisie par Dieu.

Lorsque Jésus-Christ, celui à qui tout a été donné est venu sur terre, il a dit qu'il enlèvera cette royauté et la donnera à une nation moins importante pour que la dite nation en produise le fruit au moment opportun. Ils ont acceptés de descendre tous à et pour la race noire. Nous qui dormons encore, réveillons-nous. Nous qui l'avons reçu faisons tout pour se faire important.

Ils ont fait de grande chose pour avoir notre confiance en public et en cachette. Ils ont accepté la souffrance et l'humiliation de ce monde, des injures tels que :

- Pour Papa Simon Kimbangu : prestidigitateur, fauteur de trouble, incitateur de la population à la haine, lui qui n'a fait que prêcher, guérir et prophétiser.
- Pour Papa Joseph Diangienda : Sorcier, magicien, escroc, buveur de sang, voleur, etc.

- Pour Papa Simon Kimbangu Kiangani : Diable, Rebel, menteur, idiot, escroc

L'Afrique est en train d'accumuler des malédictions au lieu de chercher de trouver une issue pour sa souffrance. Le royaume de Dieu est en Afrique, en République Démocratique du Congo, à Nkamba, dans la province du Kongo central. Dieu nous attend, pour que nous soyons prêts à recevoir ce qu'il nous a apporté. Souvenons-nous dans Exode chapitre trois, Dieu a promis à Israël un pays où coule le lait et le miel, mais il les a ratés à cause de méconnaissance. Si nous continuons à ignorer sa présence sur terre et que nous ne marchons pas selon sa volonté, son passage ne nous servira à rien. Le centenaire se passe déjà depuis que le royaume de Dieu s'est installé sur terre, en Afrique, en RDC, à Nkamba.

Dans le livre d'apocalypse, Jean a vu comment sera la nouvelle Jérusalem venant du ciel et descendu sur terre avec le trône de Dieu et les gens qui vont le servir jour et nuit dans son temple. Au monde entier il n'y a pas un endroit appelé Nouvelle Jérusalem que Nkamba où réside celui qui a fait des actes de puissance « Papa Simon Kimbangu » qui n'a eu que trois fils représentant les trois personnes en Dieu, venus dans le monde seulement à la période de guerre comme il a été dit.

Aujourd'hui, Papa Simon Kimbangu interpelle tout homme quant à ce qui est de sa nature humaine et divine. Si à une époque donnée, il a été difficile de justifier la double nature du Christ en tant que Dieu, il en est de même aujourd'hui pour le cas de Papa Simon Kimbangu du fait d'avoir vécu dans ce monde comme tout commun des mortels. Mais compte tenu de ses multiples œuvres, de ses actions et de sa relation avec Jésus-Christ, Papa Simon Kimbangu est l'envoyé Spécial de notre Seigneur Jésus-Christ, le paraclet promis, le Saint-Esprit.

Il nous a montré une culture, une écriture et une langue. Ces trois éléments doivent être en application pour produire les fruits du royaume divin. Il faut que le « Kinzambi, pouvoir religieux » le « Kimazaya, pouvoir scientifique » et le « Kimayala, pouvoir politique » puissent se manifester en nous car ce sont des pouvoirs qui rendent la vie facile et heureuse. Peuple du monde, réveillons-nous, recherchons le chemin de la gloire pour bénéficier du fruit de royaume divin.

DIALUNGANA
KIANGANI
Salomon
KISOLOKELE
LUKELO
Charles
DIANGIENDA
KUNTIMA
Joseph
MVUALA ZITATU

Le Président Joseph Kasa-Vubu et S.E. Diangienda

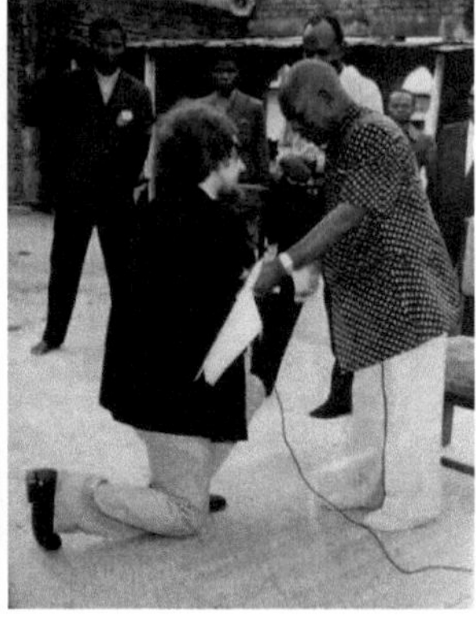

Dialu Infos
0810002204

DIALU INFOS
0810002204
S.E. Dialungana
2ᵉ Chef spirituel
de l'église
Kimbanguiste
S.Ex. Joseph
Kabila
Président de la
RDC

Son Eminence DIANGIENDA Joseph en Israël (Jérusalem)
saluant le Président Président ZALMAN SHAZAR le 3 octobre 1961

Papa MATUBA Samuel, Premier Représentant
Légal de l'Église Kimbanguiste à Brazzaville.
Une photo avec Sa Grandeur Charles KISOLOKELE
vers 1966.

UNIVERSITE
DE KINSHASA

BIBLIOGRAPHIE

DIANGIENDA KUNTIMA, HISTOIRE DU KIMBANGUISME, éditions Kimbanguistes, Kinshasa 1984

LELO Chrispin, Les témoignages sur le kimbanguisme, édition kimbanguiste 2016

WABELADIO PAYI David, MANDOMBE, écriture négro-africaine, manuel d'apprentissage à l'usage des apprenants, éditions du CENA, Kinshasa 1996.

HOUTSMA ROGER V. Théologie Pastorale 2, volume 13, notes compilées et arrangées, Vie Chrétien Internationale Institut Biblique, copyright 1995

BANQUE MONDIALE : le renouveau du système éducatif de la République Démocratique du Congo : Priorités et alternatives, région afrique, département du développement humain série documents de travail, n°68, janvier 2005

Actes de la Conférence Internationale sur Simon Kimbangu, l'Envoyé Spécial de notre Seigneur Jésus-Christ, du 12 au 16 février 2006 à Kinshasa, éditions Kimbanguiste – France 2007

MUTUZA KABE, Apport de la psychologie dans la formation du Juriste, Université de Kinshasa, Faculté de droit, Modo manuscripto 2006

LUNTADILA NLANDU Inocente, Nominalisations en Kisikongo (H16) : les substantifs prédicatifs et les verbes supports Vanga, Sala, Sa et Ta, Thèse présentée à la Faculté des Philosophie et Lettres en Vue de l'obtention du grade de Philosophiae Doctor (Ph.D) en linguistique, Universitat Autonoma de Barcelona 2015.

Qu'enseigne réellement la Bible, Watch Tower Bible and Tract Society of pennsylvania,éditions les témoins de Jéhovah de France 2009

Jésus le chemin, la vérité, la vie, Watch Tower Bible and Tract Society of pennsylvania, éditions les témoins de Jéhovah de France 2017

Recueil des cantiques kimbanguistes livre n°1, département des chants, direction générale, Kinshasa-Bongolo, inédit.

LA BIBLE dans ses différentes versions : TOB, Français courant, Jérusalem, Louis second …

Table des matières

MIX
Papier aus verantwortungsvollen Quellen
Paper from responsible sources
FSC® C105338

Printed by Books on Demand GmbH, Norderstedt / Germany